Telos

Volume IV

PUBLISHED BY THE FONDATION DE MALTE
Casa Cintraj 54, West Street, Valletta VLT1536, Malta

SERIES EDITORS
SALVINO BUSUTTIL   DAVID RAPHAËL BUSUTTIL

ISBN: 978-1-4461-1795-8

E-mail : info@fondationdemalte.org
Web site: www.fondationdemalte.org

CONTENTS

Preface

In a nineteenth century literary classic there is a remarkable passage delineating aspects of the debate on future generations.

"You should work for posterity."
"What's all this worry about posterity?...Just look under your feet and don't worry about posterity; see that you make your peasant contented and rich and that he has the time to study of his own free will and not with you standing over him with a stick in your hand, shouting "Study!" [But] make sure he is a good tiller. We should thank the Lord that we still have ... a healthy class."

This excerpt, taken from Dead Souls, Gogol's masterpiece, describes the effect of slow change in Tsarist Russia where serfs still existed and progressive ideas were being embraced (the emancipation of the serfs would officially happen in 1861, nineteen years after the publication of this book). In his text, Gogol mimics the existing discussions of his time, particularly on social change. The terrain needed only to be shifted slightly to move from a wish to protect present generations to one of safeguarding future generations. Exemplifying another aspect of equity and rights, the extract postulates that having a right does not necessarily translate into progress or improvement for the subject. The peasant would not be "healthy"

6

and the change might not be welcome, either to the owner or to the peasant himself.

The essence of the question remains as to what present environment is to be safeguarded and for which progeny?   And fundamentally, who decides on what is retained and what is discarded? Would Paris be the same without Haussmann's urban projects and the Eiffel Tower?   Yet, can we imagine these projects realized so easily in today's western decentralized decision-making processes?

In this edition of Telos, our contributors re-examine the *problematique* where the rights of future generations are upheld through responsible acts of the present generation.   For human rights and human duties should also be one of moral obligation from one person towards another.

But, in the end, is humankind, through its very nature, unable to safeguard this world for future generations?

Peter Serracino Inglott opens this book with a *thinkpiece* on the rights of Future generations as the world becomes increasingly inter-connected and seemingly more dynamic, and the possibilities cyberspace offers to implement the concept of Global Public Good. **Olivier Godard** looks at the legal difficulties in having real intergenerational equity and maintaining moral promises for the next generation. It would serve all better if the current societies looked at enacting small steps to safeguard the present, avoiding unnecessary strong ethical overtones to such actions. **Eva Riollot** examines the relationship of the changing urban landscape, as a mixed heritage is bequeathed to future generations in the Mediterranean. **Salvino Busuttil** looks at the concepts of human rights, human duties and human responsibilities, their linkages and overlaps. In all these approaches one must not lose track of the overriding duty to oneself, though the question remains at whose expense? **Claudio Zanghi** examines the legal aspects of *non-refoulement*, with particular emphasis on recent examples of its implementations and wherein the primary responsibility that one man should have to another should not be forgotten or ignored. **Melanie Laudriec** closes with an overview on the situation of the irregular migration Malta is subject to, as the southern border of the European Union, and as to the effective implementation of the rights of present generations.

We trust that the articles will stimulate renewed action by the present generation on the rights of their fellow men and women and their responsibilities to future generations.

David Raphaël Busuttil
Executive Director
Fondation de Malte, June 2010

De-Platonising the Guardian in the context of the Rights of Future Generations?

Peter Serracino INGLOTT

A mere declaration of rights is a worthwhile achievement in itself mainly for its educational value but its total value increases proportionately with the possibility of enforcement. For this reason, the practically most significant part of the proposal to establish a Charter of the rights of future generations, or of the responsibilities of present generations towards their successors, was that of appointing a Guardian. The name 'Guardian' may not have been a very happy choice, but it was inspired by the function assigned by the Law Courts to a person whose role it becomes to look after the interests of an as-yet unborn child or a minor in need of legal representation.

The Guardian was to be a high official of the United Nations whose special duty it would be to scrutinize any proposed statement or action by it from point of view of safeguarding the interests of future generations. The Guardian would also propose alternatives aimed at securing whatever benefits had been originally anticipated without however wreaking avoidable damage to future generations.

A great opportunity to set up the 'Guardian' function was missed when there was no follow-up to a proposal by Prof Guido de Marco, then Malta's Minister of Foreign Affairs and President of the UN General Assembly, to attribute the function to the Trusteeship Council, whose raison d'etre had ceased to exist with the end of the Colonial era and the attainment of Independence by the former dependencies of the Trusteeship Council. Unfortunately the dire financial straits that the Secretary- General, Boutros Ghali, perceived the UN to be in explains why the excellent Maltese proposal was not taken up.

Since then there have happened both events that make the institution of a Guardian function very much more urgent and other events that demand a reconsideration of how the role of the Guardian had originally been conceived by the proposals of the Charter.

At least two major developments have occurred that have made the need for adequate protection of the rights of future generations much more impellent than it ever was before. The first is the Human Genome. This was officially declared to belong "symbolically" (whatever that means) to the Common Heritage of Humankind and therefore its management was implicitly declared to have to take into account the interests of future generations. The threats implicit in the commercialization of the Human Genome in any of the many possible ways in which the constituents of the Genome could be treated as commodities are too evident to warrant spelling out. Yet there has not been any universally accepted consensus on the regulation of genome-related activities.

The second development of fundamental importance for future generations is that of the conquest of cyberspace. Unfortunately whether in the field of programmes or in that of search-engines or in that of trading, quasi dominance has been achieved by a few capitalist enterprises, such as Microsoft, Google and Amazon. Alternative organizational systems inspired by the Co-operative or self-management models, in particular open access systems, such as Linux or Wikipedia, have been successfully launched. Nevertheless, as with the Genome, no internationally authorized means of governance that would essentially safeguard the rights of future generations in this area has been set up. Cyberspace rights correspond to the right of property, or having, correlative to rights in respect of the Genome, corresponding to the right of life, or being, in the Charter of Human Rights.

The vastness and significance of these two areas even in comparison with that of the environment which loomed largest in relation to consideration of the rights of future generations until some time ago make the function envisaged for the Guardian to appear paltry.

The declaration of a parallel set of obligations to form a diptych with the list of human rights as proposed by the Prime Minister of Malta in his latest address to the United Nations General Assembly might appear to be better proportioned to the magnitude of the task of securing intergenerational justice as it has emerged in the 21st Century. However, at the global level there is as yet no enforcement mechanism for human rights as has been set up so far only at the European level.

An alternative system might appear to be that of declaring both the Human Genome and Cyberspace as parts of the Common Heritage of Humankind. Such a declaration need not require any attempt to reach any convention on the scale of the Law of the Sea, almost universally acknowledged today to be over elaborate in its detail. It would be restricted to the statement of few basic principles the application of which would be left to the prudent judgement of a Tribunal similar to that set up for the Law of the Sea. However, despite the various affirmations by the likes of President of US, President Clinton and UK Prime

Minister Tony Blair that the Genome was patently Common Heritage of Humankind and the countless authoritative studies which recognized Cyberspace to be today's equivalent of the mediaeval Commons, there has grown up in the world a marked reluctance to invoke the concept of the Common Heritage of Humankind as formulated by Malta's Ambassador to the UN Arvid Pardo, because of Pardo's definition including the idea of management on behalf of humankind by a specifically set up institution (called the Authority, in the Law of the Sea).

In order to get round this obstacle, some economists of whom the best known is probable the Nobel Prize winner Joseph Stiglitz, have put forward the concept of Global Public Goods. The criteria for determining which resources constitute Global Public Goods are practically the same as those which would classify them as belonging to the Common Heritage of Humankind, but their management in accordance with the principles that are appropriate to such resources instead of being attributed to a Supranational Authority would still be exercised by public or private enterprises at the State or Regional (multinational) level. Plainly a main principle is respect for the rights of future generations. Once again, if this option were to be taken up, some sort of Tribunal as previously pictured would have to be set up, with an updated Charter as its substitute for a fundamental law.

If the prospect of setting up any such Tribunal on a global level sounds too daunting to be tackled at once it might prove to be more viable to set it up on some voluntary regional basis, even though the nature of the game certainly ideally calls for it to be played with universally applicable rules. Meanwhile, the updating of the Charter seems to call mainly for a clearer articulation of the rights of future generations with respect to the Genome and Cyberspace. Provisions of a bio-ethical nature about which consensus (no doubt surprisingly to many extreme relativists) has been reached could readily serve as a paradigm in relation to the Genome. The world-wide discussions about the governance of the Internet, despite their confusionary appearance can likewise yield a framework for consensus at the general level required in relation to Cyberspace.

Biographical Note

Peter Serracino Inglott is a priest of the Archdiocese of Malta and Professor of Philosophy. He is Chairman of the Mediterranean Institute and of the International Ocean Institute (Malta Operational Centre) at the University of Malta. He has studied at the Universities of Malta, Oxford (Rhodes Scholar) Institut Catholique de Paris and the Universita' Cattolica del Sacro Cuore di Milano

He was formerly Special Advisor to the Prime Minister of Malta (1987-1996), (1998-2004); Representative of the Government of Malta at the European Convention (2002-2004); Rector, University of Malta (1987-1988, 1991-1996) and visiting Professor at the universities of Paris II (Sorbonne Pantheon), Ottawa and Cincinnati, U.S.A.

He is a well-known author of several books on philosophy, art and music, as well of libretti of operas. He has written numerous articles in International Journals mainly in the border areas between philosophy and the human sciences, and further articles in many more Maltese publications.

Circonstances de la justice et promesses pour les générations futures

Olivier GODARD

Les philosophes se sont intéressés de longue date aux circonstances dans lesquelles les idées de justice peuvent se former et trouver à s'appliquer de façon pertinente. S'appuyant sur Hume, John Rawls (1987, p. 159-163) estimait ainsi que ces circonstances étaient celles qui président normalement à la coopération humaine : des individus à peu près semblables disposant de capacités similaires empêchant quiconque de dominer ; des projets et des conceptions du bien qui diffèrent d'un individu à l'autre mais dont l'accomplissement est vulnérable aux actions d'autrui ; la rareté relative des ressources. Les situations ainsi caractérisées débouchent logiquement sur des conflits de revendication que des institutions justes doivent pouvoir régler de façon équitable. Bien que Hume ait eu essentiellement en vue les règles de la propriété et cherché un fondement de la justice dans les dispositions psychologiques et morales individuelles, la nécessité d'inscrire les idées de justice dans un monde objectif spécifié, lui-même sollicité par des situations de conflits entre des hommes ayant à établir leur coopération, révèle la dépendance des conceptions de la justice par rapport à la nature des situations : la recherche de la justesse dans l'adéquation au monde et aux situations précède logiquement celle de la justice entre hommes.

Allant en sens inverse de la démarche adoptée par Brian Barry (1978) qui visait à libérer les normes de justice de toute limitation résultant d'une inscription dans des circonstances définies, je pense que cette piste doit être davantage approfondie que ne l'ont fait Rawls et la plupart de ses successeurs et commentateurs, en particulier pour aborder les rapports que les générations vivantes peuvent vouloir entretenir, bien qu'à distance, avec les générations futures éloignées d'elles.

Elle conduit selon moi à une remise en cause de la pertinence de l'idée de justice pour penser les relations entre générations éloignées, celles qui ne sont à aucun moment co-présentes en ce monde. Est-ce à dire que les générations vivantes sont moralement dégagées de toute obligation et de tout souci pour le devenir à long terme de l'Humanité et du monde ? Certainement pas, mais il faut alors changer la base conceptuelle mobilisée. Deux grandes directions peuvent être repérées à cet effet.

Une première direction consiste à donner une portée morale au souci pour le devenir de l'Humanité en tant que personne collective, comme l'avait amorcé la qualification de patrimoine commun de l'Humanité (Godard, 1990). Hans Jonas (1990) avait défriché cette première voie sur le plan philosophique, même si la maxime qu'il proposait *in fine* comme nouvel impératif catégorique - « *jamais l'existence ou l'essence de l'homme dans son intégralité ne doivent être mis en jeu dans les paris de l'avenir. Il en résulte automatiquement qu'ici les simples possibilités du type qui a été caractérisé* (celles qui comportent un potentiel apocalyptique) *sont à considérer comme des risques inacceptables qu'aucune des possibilités qui lui sont opposables ne rendent davantage acceptables* » (p. 62) - est frappée d'incohérence logique au regard de ses propres prémisses (Godard, 2002).

Une seconde direction consiste à inscrire la relation imaginaire aux générations futures dans le prolongement de différentes formes sociales réflexives de production et transmission du monde pour l'avenir. Cela conduit à situer d'abord la question dans l'ordre du désir de transmission de la part des générations vivantes, c'est-à dire celui d'un don, et non dans le registre de l'obligation morale, c'est-à-dire celui d'un dû. Cette seconde voie conduit à identifier les différents types de promesses que les générations vivantes font en direction des générations futures. Ces promesses prennent forme au sein des différents ordres de justification qui coexistent dans les sociétés démocratiques pluralistes contemporaines. C'est cette direction qui sera surtout explorée ici.

La non pertinence intrinsèque du concept de justice entre générations éloignées

En dépit de ce que pensait Rawls lui-même, dont le principe de différence devait se comprendre dans ses effets à long terme, c'est-à-dire en intégrant le point de vue des générations successives, la réflexion sur les circonstances de la justice conduit à contester la pertinence des idées de justice pour penser les relations imaginaires que les générations vivantes peuvent avoir avec ces êtres possibles mais encore inexistants que sont les générations futures éloignées. La critique peut être engagée par plusieurs bords.

D'un côté on fera observer que la justice comme équité a pour objet l'institution de droits dévolus à des personnes et pour aboutissement pratique les procédures impartiales d'arbitrage entre des revendications conflictuelles formulées par les titulaires de tels droits. Or n'ayant pas encore d'existence, les générations futures éloignées ne sauraient disposer, en tant que telles, de droits (Beckerman & Pasek, 2001 ; Beckerman, 2004). De surcroît elles seraient bien en peine de les faire valoir. Certes, les personnes qui viendront au monde à une date future disposeront alors de droits, mais ces droits ne pourront jamais s'exercer que vis-à-vis de leurs contemporains, en particulier ceux avec lesquels elles auront à nouer des coopérations et surmonter des désaccords.

D'un autre côté, lorsqu'on cherche à construire l'idée de justice à partir des reproches éventuels que pourraient formuler des personnes futures, on bute sur le problème de la 'non-identité' soulevé notamment par Thomas Schwartz (1978) et Derek Parfit (1984) : comment ces personnes appartenant, par hypothèse, aux générations futures seraient-elles en position de reprocher quoi que ce soit aux générations antérieures quant à l'état du monde reçu en héritage puisque, si les générations antérieures s'étaient comportées différemment, toute l'horlogerie des relations de procréation en aurait été modifiée et ces personnes hypothétiques futures ne seraient jamais venues à l'existence, laissant la place à d'autres ? Comme Axel Gosseries (2004) l'a montré à propos de l'affaire Perruche[1] en France, la catégorie de dommages devient impropre lorsque l'attribut qu'on serait tenté de qualifier ainsi est inséparable de l'identité des personnes

---

[1] Des parents ayant donné naissance à un enfant lourdement handicapé de façon congénitale sont venus devant les tribunaux pour obtenir réparation du dommage subi par l'enfant (et non pas par eux-mêmes) auprès du médecin qui n'avait pas diagnostiqué le handicap lors de l'examen échographique de la mère enceinte. Bien que le médecin ne soit pas à l'origine de la malformation, les parents ont plaidé qu'ils auraient recouru à l'avortement s'ils avaient eu connaissance de la malformation, ce qui aurait évité à leur enfant les dommages d'une vie altérée.

concernées. L'expression « mettre au monde » signifie bien cette solidarité la plus intime entre les humains et le monde tel qu'il se transforme historiquement.

Encore d'un autre côté, on fera valoir que la notion de dommage est-elle-même dépendante de celle de droits, comme l'a montré Ronald Coase (1960) dans son article sur *The Problem of Social Cost* : tant que les droits respectifs n'ont pas été définis par une institution, il est impossible de qualifier une situation en termes de dommages occasionnés par l'un et subi par l'autre, sauf à recourir à l'idée hasardeuse d'un droit naturel hors de l'histoire et de l'institution. En conséquence, des personnes sans existence ne sauraient subir de dommages puisque la notion de droits ne leur est pas applicable. Une fois venues à l'existence, la condition dans laquelle certaines personnes se trouvent individuellement peut certes être caractérisée en termes de handicaps par rapport à la condition moyenne de leurs contemporains, handicaps qu'une société organisée en fonction d'un principe premier d'égalité des chances chercherait à atténuer ou soulager autant qu'il serait possible, mais pas de dommages imputables aux générations antérieures. Il n'existe en effet aucun sens à l'idée selon laquelle les générations postérieures vivantes auraient des droits sur les générations antérieures qui ne seraient déjà plus de leur monde.

Enfin, si l'on voulait persister malgré tout à recourir aux notions de droits des générations futures et d'égalité morale des générations successives dans l'accès à l'environnement, on aurait à faire face à une indétermination de principe puisque les droits légitimes attribuables aux générations antérieures dépendraient des libres choix faits par les générations postérieures, ce qui supposerait une irrationnelle inversion de la flèche du temps, comme le montre le problème de la répartition des droits sur l'atmosphère dans le cadre de la lutte contre l'effet de serre (voir encadré 1).

La structure logique d'une répartition intergénérationnelle sous contrainte d'égalité individuelle des droits est que le droit d'émission des générations vivantes dépend de la taille de la population future et donc des choix futurs en matière de procréation des générations qui vont leur succéder. La démarche usuelle consiste à aborder cette question dans une logique de prévision démographique, comme si on avait affaire à un phénomène naturel extérieur aux choix humains. Cette approche est moralement irrecevable. Serait-il équitable de demander aux générations présentes d'assumer seules, par « prudence éthique », les conséquences de choix possibles qui seraient faits librement après elles par d'autres qu'elles, et de déterminer leurs propres droits sur la base de ce qu'on peut appeler un « scénario démographique du pire » ? En faisant cela, elles feraient preuve de démesure morale puisqu'elles choisiraient d'assumer la charge de décisions qui seront prises par d'autres qu'elles ; cette prétention ne respecterait pas le statut de personnes morales des générations à venir, implicitement traitées comme des irresponsables. Adoptons donc l'idée que les choix de procréation de chaque génération engagent sa propre responsabilité morale. Du point de vue de la recherche de la justice, les politiques démographiques doivent naturellement être compatibles avec les droits des personnes mais, comme le soulignait Hans Jonas (2000, pp. 167 et sv), le droit des individus à avoir une descendance est un droit faible[2], ne créant pas d'obligations actives pour autrui et pouvant être encadré par des mesures publiques incitatives ou dissuasives.

---

[2] Un droit faible reconnaît une liberté positive mais ne fait pas obligation à chaque membre de la société de concourir à sa réalisation (ni obligation de moyen, ni obligation de résultats) par le détenteur de cette liberté. Ainsi le droit de personnes adultes de se marier ne crée aucune obligation pour autrui, et en particulier pas pour l'État, de procurer des partenaires à chaque citoyen adulte. Un droit fort crée une obligation pour chaque citoyen d'agir en sorte que son détenteur le concrétise effectivement. Le droit à la vie sauve crée l'obligation de porter assistance à personne en danger.

Encadré 1 : Effet de serre et indétermination intergénérationnelle des droits d'usage de l'atmosphère (Godard, 2007)

Examinons la possibilité d'une répartition égalitaire intergénérationnelle des émissions de gaz carbonique (CO_2), principal gaz à effet de serre, entre les générations concernées jusqu'en 2100. D'après les scénarios démographiques proposés par l'ONU, la population mondiale pourrait être comprise à l'échéance entre six et dix-sept milliards d'habitants, soit à peu près un rapport de un à trois. Dans le même temps les experts indiquent que la quantité totale des émissions de CO_2 intervenues entre 1991 et 2100 devrait se situer dans une fourchette comprise entre 630 et 1080 milliards de tonnes de carbone (tC) correspondant à des niveau respectifs de concentration atmosphérique compris entre 450 et 650 parties par million en volume (ppmv). La combinaison de ces chiffres débouche, en ordre de grandeur, sur un droit annuel égal à émettre du CO_2 par habitant de la planète compris entre 0,5 tC et 1,6 tC. Ainsi, une stabilisation de la population mondiale à son niveau actuel, combinée à un objectif moyennement exigeant (650 ppmv), permettrait l'allocation à chaque habitant de la Terre pendant le siècle prochain d'un niveau annuel d'émission proche du niveau atteint par les Français en 1990 pour les émissions d'origine énergétique (1,8 tC). En revanche, un objectif de concentration atmosphérique plus exigeant, combiné à une croissance démographique mondiale élevée, réduirait d'un facteur trois le quota individuel attribuable par rapport au scénario précédent, et imposerait une division par deux en moyenne des émissions courantes dans le monde.

La situation décrite a pour conséquence pratique que les générations présentes ne sont pas en mesure de déterminer *ex ante* ce que serait la part égale à laquelle elles pourraient prétendre.

Situations et ordres de justification

L'idée de justice appartient à un continent plus vaste qui est celui de la justification publique des états sociaux et des actions engageant le sort commun. Ce continent désigne l'ensemble des procédures, modes d'argumentation et épreuves efficaces pour mener à la formation d'accords de coopération ou au règlement de conflits dans une société organisée où le dialogue et les règles ont remplacé la violence physique comme modalité principale de régulation. Coexistent cependant, dans les sociétés démocratiques, différents ordres sociaux idéaux de référence qui sont les matrices à l'intérieur desquelles les questions du mode de coordination approprié et de l'action juste sont pensées (Walzer, 1997). Ces ordres en nombre limité offrent des solutions en termes de procédures et de critères permettant de dénouer les conflits ou de surmonter les hésitations quant à la l'orientation collective à suivre. Pour accéder à la légitimité publique, ils ont en commun de répondre à une même architecture axiomatique que Luc Boltanski et Laurent Thévenot (1991) ont explicitée sous la forme d'une axiomatique (voir encadré 2 et Godard, 1990 et 2003).

Encadré 2. L'axiomatique de base des ordres légitimes de justification dans une société démocratique : le modèle de la 'Cité'
d'après L. Boltanski et L. Thévenot (1991)

A1. Le Principe de Commune Humanité
Les membres de la 'Cité' se reconnaissent mutuellement comme humains et également humains, (relation symétrique)
Une distinction essentielle est établie entre les personnes humaines et les êtres non-humains

A2. Le Principe de Dissemblance
Il existe plusieurs états sociaux possibles pour les membres de la 'Cité'

A3. Le Principe de Commune Dignité
Chaque membre a une égale puissance formelle d'accès aux différents états sociaux

A4. L'Ordre de Grandeur sur les états
Les différents états sociaux sont hiérarchisés selon une échelle de valeur

A5. Le Principe de Sacrifice (ou Formule d'Investissement)
L'accès aux états sociaux supérieurs requiert un coût ou un sacrifice, qui régule la tension entre A4 et A1-A3

A6. Le Principe de Bien supérieur Commun
Les biens et bonheurs attachés aux états supérieurs engendrent, au-delà des satisfactions privées, un bien commun dont profitent tous les membres de la 'Cité'

Sur ce continent de la justification, les situations importent car elles orientent vers un « monde » ou une « sphère » caractérisés par une conception déterminée à la fois du bien commun et de la juste place des hommes et des choses. Le point de départ est le suivant : les critères du juste doivent être appropriés à la nature de la situation à coordonner. Il n'existe pas une conception substantive universelle des normes de la justice distributive qu'on pourrait appliquer à toute situation. Une situation sociale met en présence et engage à la fois des personnes et un monde d'objets. Dans une société dotée d'une culture et d'une organisation sociale, personnes et objets sont appréhendés en fonction d'un monde de significations qui leur confèrent une qualité. Leur mise en présence engage un processus de qualification qui se cristallise dans des normes et règles, mais également dans un répertoire de qualifications qui sont autant de ressources à la disposition des personnes pour discerner la nature de la situation sociale et orienter leurs conduites en recherchant une coordination appropriée avec autrui.

Une situation est bien formée lorsqu'elle est entièrement constituée à l'intérieur d'un ordre de justification donné ; elle met alors en présence des personnes et des objets qui sont adéquats, sans contorsions, à la qualification qu'ils reçoivent de cet ordre. Une situation informe, contingente, met au contraire en présence de façon fortuite des êtres hétérogènes ; elle ne dispose pas de procédures de coordination préétablies et acceptées qui soient aptes à résoudre les différends ; elle est marquée par le sentiment d'absence de repères ou par une ambiguïté forte. Il existe enfin des situations intermédiaires qui connaissent des embryons de structuration au sein d'un ordre, mais qui comportent également des personnes et objets qualifiés relevant d'autres ordres ou demeurant encore ambigus. Cela est la source d'une hésitation entre les qualifications et épreuves issues de différents ordres, d'où, de prime abord, une certaine indécidabilité, mais aussi une pluralité de pistes envisageables. La relation imaginaire aux générations futures éloignées se trouve dans ce cas.

Parmi les ordres de justification existants, seuls deux d'entre eux incorporent de manière explicite une temporalité dans le monde qu'ils instituent : la 'cité domestique', organisée autour des relations d'engendrement, orientée par le passé et animée par les valeurs de la tradition ; la 'cité industrielle', animée par les valeurs d'efficacité et de progrès et organisée autour de la capacité de l'outil de production à promettre un avenir de sécurité et d'abondance au moyen de l'investissement et de l'innovation. S'agissant des autres 'cités', ce n'est que de façon indirecte qu'on peut leur rattacher des situations intergénérationnelles :

- le monde marchand est celui de la disponibilité à l'échange entre contemporains, celui des valeurs qui se réajustent à tout instant, sans mémoire ni permanence ;
- le monde civique a pour repère la formation d'une volonté générale émanant de citoyens libres et égaux et son épreuve-clé est le processus électif qui

engagent les sociétaires 'ici et maintenant', d'une façon qui est périodiquement révisable, induisant une pression en faveur du temps court, celui de la période inter-élections ;

• le monde inspiré témoigne certes de la référence à un au-delà du monde concret d'ici et maintenant, mais 'l'autre réalité' à laquelle il renvoie est fondamentalement hors du temps, ne prenant que superficiellement les habits d'un temps passé ou à venir.

Ces autres 'cités' peuvent néanmoins offrir des formes intéressantes, comme on le montrera avec le contrat marchand.

Différentes formes de promesses en direction des générations futures
La promesse 'domestique' : la forme patrimoine

De la 'cité domestique' procède la notion de patrimoine, qui agence deux fonctions : une fonction synchronique d'adaptation stratégique, tant matérielle qu'identitaire, du titulaire face aux imprévus de la vie ; une fonction diachronique de transmission par laquelle la gestion d'un patrimoine se différencie de la gestion d'un capital (Godard, 1990). Cette construction reconnaît la tension entre les deux fonctions ainsi agencées. Elle ne parvient à tenir que par les hypothèses faites sur les personnes qualifiées au sein de cette 'cité domestique' : elles sont inscrites dans une lignée, maison ou corps, c'est à dire un groupe patrimonial intergénérationnel qui est le véritable titulaire symbolique du patrimoine. Ce déplacement de la qualification première sur une personne collective trans-générationnelle assure l'unification des deux fonctions potentiellement antagonistes en les bouclant l'une sur l'autre : le titulaire actuel du patrimoine se doit de survivre pour assurer la bonne gestion et la transmission du patrimoine qu'il a reçu ; il a donc le devoir d'utiliser ce patrimoine pour sa survie personnelle quand les circonstances l'imposent, d'autant plus que la valeur identitaire du patrimoine tient moins à la matérialité des biens qui le composent qu'à la chaîne de transmission personnelle qui se noue à leur propos ; symétriquement, c'est par la transmission assumée que la survie du groupe patrimonial peut être assurée. L'exigence de transmission représente ici le principe commun du sous-groupe formé au sein des générations actuellement en vie. Tous les membres vivants sont placés à cet égard face à la même exigence au nom de la persistance du groupe patrimonial auquel ils appartiennent.

Chaque membre de cette communauté est doté d'une dignité première, celle d'avoir un rôle patrimonial à tenir et faire valoir. C'est à partir de cette dignité première commune que rapprochements et recherches d'accords peuvent être réalisés. Ce faisant, il ne s'agit plus directement d'organiser une communauté intergénérationnelle, mais seulement une communauté des vivants intégrant comme référent le lien intergénérationnel, ce qui restaure la conformité avec le principe de communauté et de réciprocité de l'axiome A1.

Étant construite sur le rapport d'engendrement, la forme patrimoniale tend néanmoins à aviver l'asymétrie que ce rapport institue, au point de pouvoir menacer d'effondrement la légitimité de cet ordre. La mise en valeur de l'interversion des rôles dans la chaîne de transmission elle-même permet d'atténuer ce risque : l'héritier qui a reçu et qui ne pourra rendre à celui qui lui a donné a lui-même pour vocation de transmettre à un tiers. Cette opération ne rétablit certes pas la réciprocité directe entre personnes appartenant à une lignée, mais elle assure la symétrie des rôles entre contemporains, ce qui assure l'égalité de principe pour l'accès aux principaux rôles de cet ordre : chacun est en position de recevoir et de transmettre. Dans ce cadre, refuser l'héritage fait violence à cette symétrie des rôles autant que l'ignorance de l'exigence de transmission.

Une autre menace pointe néanmoins : la commune soumission de toutes les personnes à un principe extérieur pourrait, si elle n'était contenue, instrumentaliser les membres vivants du groupe patrimonial. Cela porterait atteinte à leur qualité de personnes en en faisant les simples moyens d'une gestion patrimoniale. La logique patrimoniale ne doit donc pas s'imposer comme une obligation extérieure, véhiculée par telle ou telle institution comme un Conseil des générations futures disposant d'une véritable autorité juridique, mais s'adopter par adhésion volontaire. Il faut lui laisser le statut de fruit d'un désir partagé au sein de communautés formées parmi les générations présentes, un désir dont la réalisation prend sens d'accomplissement personnel pour les personnes concernées.

La construction patrimoniale est la plus solide dans le monde de la tradition où ce qui fait patrimoine est dénué d'ambiguïté : le patrimoine à transmettre est structuré par le patrimoine reçu. Pour que la valeur adaptative du patrimoine transmis soit consistante, il faut donc que le monde en jeu soit très largement prévisible et faiblement évolutif. Dans un monde soumis à un processus intense de changement global et multiforme, la tension s'accroît entre les deux modes de qualification du patrimoine : la valeur identitaire associée à l'héritage et la valeur adaptative, devenue fort incertaine. Dans ce monde-là, se référer à ce qui a été reçu n'éclaire guère sur ce qui aura valeur patrimoniale d'adaptation pour l'avenir.

En résumé, la forme patrimoine présente un potentiel intéressant pour appréhender le rapport aux générations éloignées en étant organisée autour d'une logique de transmission de ressources doublement essentielles, comme potentiel d'adaptation à l'imprévu et comme marquage d'une identité, mais elle doit surmonter deux difficultés non triviales :

• l'incertitude sur la nature du patrimoine à transmettre, dès lors qu'on se place du point de vue de la valeur d'adaptation et de survie et que les repères de la tradition, orientés vers le passé, ne sont plus guère pertinents ;

• l'asymétrie du rapport d'engendrement qui ne parvient à être complètement surmontée qu'en donnant naissance à une personne collective, le groupe patrimonial, et en faisant de la transmission patrimoniale un principe supérieur commun ; cette solution menace de faire perdre aux membres du groupe patrimonial leur qualité de personnes par asservissement à un principe extérieur.

La promesse industrielle : l'investissement productif et la substituabilité par la technique

Une position bien établie chez de nombreux économistes est celle-ci : à quelques exceptions près, les ressources naturelles et les actifs environnementaux ont de la valeur, non par ce qu'ils sont, mais par les services et fonctions qu'ils rendent. En cela ils sont tout à fait remplaçables en utilisant les possibilités de la technique et en recourant à l'investissement, c'est à dire la formation de capital. Ce n'est donc pas, d'une façon générale, dans l'exploitation d'actifs non renouvelables (minerais métalliques, hydrocarbures, etc.) que réside la non-durabilité, mais dans le fait que la rente retirée à cette occasion n'est pas réinvestie dans la formation d'un nouveau capital au moins équivalent. Cela est encore plus évident pour l'ensemble des biens productibles.

La norme qui en résulte au regard des générations futures prend la forme d'une injonction générale : non pas conserver tel ou tel bien, telle ou telle ressource, encore moins conserver tous les éléments naturels dans un état inaltéré - dans le « monde industriel », les êtres ne valent que s'ils sont productifs et mis au service de la satisfaction de besoins, - mais préserver sans fin la capacité productive de la société humaine. La novation conceptuelle consiste à étendre la notion de capital au-delà du champ habituel du capital productif incarné dans des objets et systèmes techniques (usines, machines, bâtiments) ou du capital humain (compétences, savoirs et savoir-faire, santé), pour englober désormais le capital naturel (ressources naturelles, systèmes écologiques assurant des services utiles aux hommes). C'est donc par l'investissement dans les différentes formes de capitaux, y compris le capital naturel (réhabilitation des écosystèmes, par exemple) et par le développement des connaissances applicables sous formes de techniques nouvelles que les générations présentes font ici promesse en direction des générations futures.

En dépit de son caractère nécessaire dans le monde que nous connaissons, ce type de promesse connaît au moins trois limites. D'abord, l'horizon temporel pertinent pour l'activité industrielle, c'est à dire celui sur lequel la formule d'investissement peut sous-tendre une promesse crédible est beaucoup plus court que le temps long intergénérationnel. Ensuite, la promesse industrielle repose sur un paradigme de maîtrise des dispositifs techniques qui implique lui-même des savoirs achevés sur les performances des objets engagés non seulement dans les espaces clos et contrôlés de leur vie industrielle mais également dans les espaces ouverts de leur diffusion : transports, commerces, habitat des consommateurs, stockage des déchets, et finalement les milieux physiques et les écosystèmes. Or, il n'est pas d'engagement d'un processus industriel qui n'inclue une composante d'incertitude, voire d'ignorance, qui se révèle à l'occasion de défaillances techniques, d'accidents, voire de catastrophes technologiques, ou bien plus tard, lorsque des phénomènes de pollution diffuse sont révélés par des analyses scientifiques (cas des CFC altérant la couche d'ozone stratosphérique). Au-delà du paradigme de maîtrise en univers clos et fonctionnel pour un horizon temporel proche, qui est celui de l'univers industriel, la réalité à long terme de l'aventure industrielle est celle d'une dispersion incontrôlée de substances polluantes et d'une lente érosion des entités naturelles que la technique ne saurait substituer. Le doute est donc jeté sur la capacité des épreuves de type industriel à être, à elles seules, l'arbitre de la relation aux générations éloignées.

Enfin, la technique et l'investissement dépendent l'une et l'autre de la concentration préalable de moyens importants qui ne sont pas spontanément également accessibles à tous. On débouche alors soit sur la problématique rawlsienne des inégalités qui peuvent être justifiées par l'intérêt des moins bien lotis dans une approche intertemporelle des intérêts en jeu, soit sur la problématique des formes d'appropriation de l'appareil de production de façon à associer chacun aux orientations à donner à cet appareil et à faire en sorte que cet appareil serve les besoins de tous. Cette dernière problématique, dans le contexte de l'organisation propre à une économie sociale de marché qui a été retenue en Europe à la suite de l'Allemagne, prend la forme de ce qu'on appelle la responsabilité sociale et environnementale des entreprises, qui dépend dans une large mesure d'une relation de dialogue avec les différentes parties prenantes de l'activité de ces dernières (Hommel et Godard, 2009).

La promesse du contrat d'échange entre générations imbriquées

Le monde de l'échange marchand ne construit pas une temporalité propre au-delà de celle qui est partagée par des vivants contemporains. Néanmoins la figure du contrat entre générations imbriquées, c'est-à-dire co-présentes, offre le principe d'une solution indirecte au problème de la relation aux générations éloignées. Une modélisation économique épurée des relations entre générations imbriquées montre comment ces relations peuvent être agencées de façon à assurer une solidarité entre générations vivantes qui, de proche en proche, pourrait assurer une solidarité entre générations éloignées. Ce serait le cas lorsque, dans un modèle où la société se compose de deux groupes, les jeunes et les vieux, la classe des jeunes, en phase productive, préserve un stock de ressources environnementales nécessaires à la production future de façon à pouvoir le revendre, au moment où elle sera à la retraite et consommatrice nette, aux nouveaux jeunes qui prendront leur place et qui produiront les biens qu'elle consommera alors. Ces nouveaux jeunes faisant de même en préservant une part du stock de ressources acquis, de contrats en contrats, une trajectoire de conservation de ces ressources essentielles serait ainsi tracée pour le bénéfice des générations successives.

Ce schéma simple fondant la relation entre générations éloignées sur celle entre générations co-présentes a l'avantage de pointer des conditions essentielles à explorer pour toute politique voulant s'en inspirer :
• les ressources réellement essentielles pour le devenir intergénérationnel de l'humanité sont

perçues d'emblée comme telles par toutes les générations ;

- ces ressources sont maîtrisées et gérées par les générations vivantes, ce qui suppose une relation d'appropriation suffisamment forte pour donner lieu à contrat de transfert de droits ; qu'il s'agisse d'une propriété publique, d'une propriété commune ou d'une propriété privée, l'existence de règles de régulation des usages et d'exclusion des tiers qui ne satisfont pas aux conditions du régime (paiement pour l'accès, prise en charge d'activités d'entretien ou de renouvellement, appartenance à une communauté détentrice de droits, etc.) sont impératives ;

- la classe des jeunes, à un moment donné, doit pouvoir former des anticipations rationnelles sur les perspectives qui seront les siennes – la disponibilité des ressources et les conditions du contrat avec les nouveaux jeunes – lorsqu'elle aura rejoint la classe des vieux.

Cette solution de principe présente deux propriétés intéressantes : rétablir, à travers l'idée de contrat, une situation de symétrie et de réciprocité entre les générations conforme à l'axiome A1 ; concentrer l'attention et la gestion sur les ressources concrètes qui constituent le monde des générations présentes, c'est à dire les objets les mieux connus, en évitant d'avoir à représenter directement les intérêts d'êtres futurs conditionnels et lointains auxquels les relieraient des trajectoires d'évolution.

La validité de cette solution est cependant suspendue à l'adéquation entre le rythme de transformation du monde et le contenu physique des contrats successifs entre générations imbriquées afin que les ressources transmises demeurent pertinentes. Elle présente en outre différentes limites ou faiblesses. Ainsi elle serait impuissante à assurer la prise en charge de la reproduction de l'environnement naturel dans son ensemble, au sens où ce dernier déborde largement de la préoccupation pour les seules ressources directement incorporées à l'ordre de la production. Elle n'offre pas non plus de garanties que la part transmise de façon intergénérationnelle ne se réduise pas comme peau de chagrin en fonction d'une préférence pure pour le présent de la classe des jeunes qui contrôle les décisions de conservation des ressources. Elle bute également sur l'incertitude quant aux conditions du monde qui se révèleront dans le futur, tant pour les aspects économiques et technologiques que pour la situation de l'environnement naturel ; les impacts technologiques à fort décalage temporel, les irréversibilités fortes et les mutations brutales seraient difficilement pris en compte dans ce cadre. Elle serait enfin mise en échec par l'imprécision des droits de propriété et d'usage ou par l'absence de mécanisme crédible pour en assurer le respect et la mise en œuvre. Il conviendrait donc de la compléter ou de l'affiner en conséquence.

Conclusions

Quelles conclusions tirer de cet examen? D'abord, les tentatives pour appliquer un concept de justice aux rapports imaginaires que les vivants établissent avec leurs descendants éloignés sont vouées à l'échec car elles ignorent aussi bien les éléments fondamentaux qui encadrent la pertinence de l'idée de justice que les éléments structurels de la situation objective dans laquelle le problème posé. Toutefois cet échec ne plaide pas pour autant en faveur d'une indifférence assumée des vivants pour le devenir de l'Humanité et du monde. D'autres appuis doivent être donnés au souci pour l'avenir. Or, en situant le problème sur le terrain de la justification, on découvre dans une société démocratique plusieurs formes à partir desquelles le rapport à l'avenir lointain se construit. Elles offrent des propriétés différentes et aucune ne donne de garanties totales. Il serait alors de bonne stratégie de cultiver simultanément ces différentes formes de promesses que les vivants peuvent faire à leurs lointains descendants, tout en se méfiant de la démesure morale à laquelle tout discours sur l'avenir de l'humanité et le bien des générations futures est aisément porté. Enfin, la prudence recommande ici d'adopter une approche séquentielle fortement centrée sur le monde à transmettre aux générations immédiatement suivantes, à charge pour ces dernières d'adopter la même approche.

Note Biographique- Dr. Olivier Godard

Titulaire d'un doctorat d'État es sciences économiques, directeur de recherche au Centre national de la recherche scientifique en France, Olivier Godard a débuté sa carrière de chercheur professionnel en 1973 au sein du Centre international de recherche sur l'environnement et le développement (CIRED) à l'École des hautes études en sciences sociales.

L'essentiel de ses travaux concerne le champ de l'environnement et du développement durable abordé à partir des sciences économiques et sociales en tenant compte des apports de la théorie des systèmes complexes.

La décennie 1990 a été consacrée à l'étude des instruments économiques des politiques environnementales, taxes et permis négociables, au côté de travaux sur le principe de précaution, la décision en univers controversé, la théorie de la justification et les conceptions de l'environnement et du développement durable.

Au laboratoire d'économétrie de l'École Polytechnique rejoint en 1998, les recherches se sont approfondies sur le principe de précaution, ont mis l'accent sur les systèmes de permis négociables pour contrôler la pollution atmosphérique (pollution acide, effet de serre), se sont penchées sur l'organisation de l'expertise scientifique sur des thèmes socialement controversés (changement climatique, crise de l'ESB, OGM), et ont amorcé une approche générale de la contestabilité économique et sociale et de la coordination internationale pour la prévention du risque climatique planétaire.

C'est dans ce contexte qu'il a développé sa réflexion sur la justice internationale et intergénérationnelle.

Générations futures et urbanisation galopante du pourtour méditerranéen: un défi supplémentaire

Eva RIOLLOT

Si les villes recensent aujourd'hui la moitié des habitants de la planète, le ratio est largement dépassé sur le pourtour méditerranéen où les deux tiers des 460 millions d'habitants[1] qui peuplent les 22 pays et territoires riverains vivent dans des espaces urbains, des villes à la morphologie variable. Selon le scénario de base, plus de 100 millions de citadins supplémentaires sont attendus d'ici 2025, dont presque la totalité sur la rive sud, sans compter 130 millions de touristes additionnels[2]. Concentré du patrimoine culturel commun et des plus grandes richesses de la Méditerranée, mais également grandes consommatrices d'eau, d'énergie, de terres agricoles, et émettrice de gaz à effet de serre, les villes et leur

---

[1] 2008
[2] Guillaume BENOIT & Aline COMEAU Méditerranée, les perspectives du Plan Bleu sur l'environnement et le développement (Editions de l'Aube et Plan Bleu, 2005)

évolution constituent un défi majeur de développement dans le bassin. Quelles perspectives de croissance se dessinent sur le pourtour méditerranéen ? Parce que "nous n'héritons pas de la terre de nos parents, [mais que] nous l'empruntons à nos enfants"[3] comment peut-on y assurer un développement durable ?

En Méditerranée en particulier, le peuplement littoral est un phénomène ancien. Depuis l'antiquité, les populations se sont installées sur les rivages, faisant de la Mare Nostrum un haut lieu d'échanges et développant de ce fait l'urbanisation. Rome, au 3ème siècle après J.C., a été, par exemple, la première ville au monde à dépasser le million d'habitants.

Riche et complexe, l'espace méditerranéen a également été façonné par les inégalités. Ainsi, aujourd'hui, alors que la transition démographique est terminée sur la rive nord – seul le solde migratoire y explique l'accroissement démographique actuel – elle se poursuit, de même que l'exode rural, sur les rives méridionale et orientale, où le tiers de la population vit (150 millions d'habitants aujourd'hui, mais près de 300 millions d'habitants en 2050, selon le Plan Bleu).

---

[3] Antoine de Saint Exupéry

47

Sur le plan économique, une trentaine de
métropoles concentre les activités du bassin.
7 d'entre elles dépassent les 3 millions d'habitants,
comme le Grand Caire, qui a vu sa population
augmenter de plus 10 millions d'habitants en moins
d'un demi-siècle et qui regroupe 20 % de la
population de l'Egypte avec 16 millions d'habitants.
Plus au nord, Istanbul et Athènes connaissent à peu
près le même phénomène. La "tsimendoupoli" (ville
du ciment) des Athéniens concentre le tiers de la
population grecque en abritant 4 millions
d'habitants. Sa croissance démographique et spatiale
a été sans précédent, entraînant de sérieuses
difficultés d'aménagement territorial et de pollution.
Le fameux "néfos" (nuage de pollution) qui flotte en
permanence au-dessus d'Athènes est là pour le
rappeler.

Très attractive, la région méditerranéenne se
caractérise par une forte littoralisation, des villes qui
se déploient en tâche d'huile, et une artificialisation
qui s'élève en moyenne à
40 %. Plus que l'accroissement naturel, l'exode
rural est un vecteur de développement urbain. En
effet, le machinisme agricole et la chimie ont fait
chuter la population rurale au profit des villes
littorales qui abritent industries, commerces, et accès
aux équipements. Ainsi en Tunisie l'axe Tunis-Sfax-
Gabès-Djerba regroupe l'ensemble de la population
et des activités : Tunis centralise 80 % du secteur

TELOS Volume IV

tertiaire, et Sfax occupe le statut de premier port exportateur du pays[4].

L'expansion spatiale s'est aussi calquée sur l'essor du tourisme, avec l'implantation de stations balnéaires. En effet, 35 % du tourisme mondial converge vers les pays méditerranéens, faisant de leurs rives l'une des principales sources de rentabilité économique. En France, la volonté politique de dynamiser l'économie locale par le tourisme a donné naissance à la mission RACINE du "plan d'aménagement du littoral Languedoc–Roussillon". Entre 1963 et 1983, cette mission a développé 6 stations balnéaires : le Cap d'Agde, Gruissan, Leucate-Barcarès, Saint-Cyprien, Valras et la Grande Motte. Ces usines à touristes n'étaient pourtant auparavant qu'une lande plate, marécageuse et désertique. De même en Espagne, les Baléares, décrites par Georges SAND comme une "plaine de saphir encadrée de forêts d'un vert sombre"[5], accueillent 11 millions de touristes par an, propulsant l'aéroport de Palma de Majorque à la seconde place des aéroports espagnols. Sur l'ensemble de l'archipel, l'urbanisation continue de prospérer en dépit de la protection environnementale, le tourisme de masse accentuant les pressions sur les ressources en eau et le

---

[4] Georges MUTIN *Afrique du nord* (Géographie universelle Belin-Reclus, 1995)
[5] George SAND *Un Hiver à Majorque* (1841, LGF Poche, 2004)

bétonnage continu du littoral par une pléthore d'immeubles et d'hôtels. De ce développement massif et anarchique est d'ailleurs né le terme de "baléarisation".

Entre le nord et le sud, des divergences se manifestent sur la façon dont se sont développés les espaces urbains : au nord ils sont caractérisés par le desserrement urbain et la périurbanisation, tandis qu'au sud et à l'est l'extension urbaine se réalise à travers les « habitats spontanés ». Sur la rive nord, le littoral est dynamique mais saturé et la périurbanisation qui s'y opère est aux antipodes du développement durable dans la mesure où la "non concentration" de l'espace urbain est contraire aux économies d'énergies, d'infrastructures, et d'espaces naturels. Les principales problématiques y sont le respect des normes environnementales, l'accès au logement, la gestion des banlieues, et la rénovation des cœurs historiques. Représentative de ces phénomènes, l'aménagement de l'unité urbaine de Marseille-Aix-en-Provence s'est réalisé au détriment de son centre et au profit de la périphérie, où apparaissent désormais d'autres agglomérations et une pluricentralité, un phénomène rare en France[6]. Pour restructurer son espace, Marseille, 3ème port européen, a lancé le projet « Euroméditerranée » en réhabilitant les anciens docks et le quartier de la

---

[6] Jean-Louis CHALEARD (La Géographie, n° 1518, septembre 2005)

Joliette, qui était devenu l'un des plus défavorisés de la ville. Actuellement en cours de réalisation, il regroupera « 5000 logements, la rénovation de 5000 autres, un pôle d'affaires, un pôle décisionnel, un pôle culturel, des transports en commun, des centres de recherche, de la haute technologie, du tourisme... »[7].

Sur les autres rives, le développement urbain, synonyme de croissance économique, est encouragé par les pouvoirs publics, renforçant la pression anthropique sur la côte. La construction des habitations ne se réfère à aucun document d'urbanisme, n'inclue aucun aménagement préalable, notamment les conduites d'eau ou d'électricité, et s'opère bien souvent sur des zones où les risques sont potentiellement élevés. Ces bidonvilles vont de pair avec le nombre d'emplois insuffisant et conduisent au développement de filières informelles, des activités en marge de la loi. Les disparités sociales ont donc tendance à s'aggraver dans ces espaces qui excluent une grande partie de la population. Les "gated communities" font leur apparition dans le bassin, comme au Liban, où 2 % des habitations se regroupent dans des ensembles résidentiels clos. Paradigme de l'urbanisation incontrôlable, la population du Caire a été multipliée par 11 et la superficie urbanisée par

---

[7] Armand FREMONT *Portrait de la France* (Flammarion, 2001)

7 entre 1920 et 2000. Cette croissance spatiale qui continue s'est réalisée par la construction de nouvelles villes sur les plateaux désertiques, comme New Cairo et dans la vallée du Nil au détriment des terres arables. Centre administratif, d'affaires, commercial et industriel, l'une des plus grandes mégapoles du monde, abrite 58 % d'habitat informel (depuis 1976, 75 à 80 % des nouvelles constructions auraient été réalisées dans l'illégalité foncière)[8].

Les migrations de population vers les zones urbaines décuplent les pressions qui s'exercent sur les littoraux, en particulier sur les ressources hydriques. Si, l'eau a traditionnellement une valeur symbolique et qu'elle a façonné les sociétés méditerranéennes, elle n'en apparaît pas moins comme l'un de ses plus graves problèmes actuels. Avec 60 % de la population mondiale en situation de pénurie hydrique (moins de 1000 m3 d'eau par an par habitant), la Méditerranée est l'une des zones les plus menacées de la planète. Le Machrek et le Maghreb ont même été classés, par la Banque Mondiale, comme les régions les plus pauvres au monde en ressources en eau naturelle renouvelable (1995). Surexploitée et inégalement répartie sur chaque versant du bassin, l'or bleu manquera davantage là où il fait déjà cruellement défaut. Sur

---

[8] Anne-Marie FREROT *Les grandes villes d'Afrique* (Ellipses, 1999)

la rive sud, le GIEC[9], a envisagé une baisse des précipitations de 25 à 30 %, qui conduirait à un assèchement des sols et donc également à une chute de productivité. Sur cette rive, la demande devrait progresser de 10 % en 2000 à 16 % en 2025, l'agriculture représentant jusqu'à 82 % de la demande dans ces pays. Pour pallier ces difficultés, certains pays riverains ont recours à la désalinisation. Tel est le cas de l'archipel maltais, où trois usines de désalinisation à osmose inverse produisent quotidiennement 96 000 m3 d'eau potable. Lourde contrainte pour les usages agricoles, industriels et domestiques, la rareté de l'eau suscite également des tensions d'ordre géopolitique dans les bassins du Tigre et de l'Euphrate, du Jourdain et du Nil. Ainsi, la gestion de la demande en eau figure parmi l'une des priorités régionales.

Compte de tenu de la pression démographique, un autre problème se pose : le traitement des effluents urbains. En Méditerranée, 60 % des eaux usées sont rejetées sans épuration préalable, surtout sur la rive sud. C'est le cas du Maroc où seules 7 % des eaux usées urbaines sont épurées.

Au cœur des préoccupations environnementales des villes méditerranéennes

---

[9] Groupe Intergouvernemental d'Experts sur l'Evolution du Climat

s'ajoute la gestion inefficace de la production des déchets ménagers en augmentation constante. En Espagne par exemple, la production annuelle d'ordures est passée de 323 à 588 kg par habitant entre 1990 et 2000[10]. Cette tendance est commune à tous les autres pays riverains. Bien que les filières de traitement et d'élimination se soient beaucoup développées, à travers le recyclage et le compostage, les décharges à ciel ouvert sont encore très répandues.

Toutes ces pollutions urbaines augmentent aussi les risques sanitaires, tels que les troubles respiratoires comme l'asthme et les allergies qui sont très présents dans le bassin méditerranéen et qui se développement à cause de l'ozone troposphérique[11]. Enfin, dernier problème, celui de la pollution atmosphérique essentiellement due à la multiplication des logements, au développement des transports du fait de l'accroissement de la motorisation individuelle, des activités industrielles, et à la diminution des espaces naturels.

Toutes les pressions évoquées plus haut, et qui font des villes du pourtour méditerranéen des lieux particulièrement vulnérables, sont exacerbées

[10] Guillaume BENOIT & Aline COMEAU (Editions de l'Aube et Plan Bleu, 2005)
[11] Formé à partir d'Oxyde d'azote (NOx) et de composés organiques volatils (COV)

par le changement climatique, comme le soulignent les analystes. Effectivement désavantagées par le climat méditerranéen où précipitations riment avec inondations et glissements de terrain, et par une géographie particulièrement sensible aux séismes, les rives du sud et de l'est, où la croissance démographique est élevée et les habitats spontanés nombreux, sont les plus concernées. Leur densité est telle que la moindre perturbation peut devenir catastrophique. L'exemple du quartier populaire de Bab El-Oued à Alger est éloquent : en novembre 2000, des inondations ont fait 920 morts et 50 000 sans abris. Quant aux séismes, en Turquie, le tremblement de terre de 1999, dont l'épicentre se trouvait à 80 km de la mégapole d'Izmit, a causé la mort de 20 000 personnes. Les scientifiques se sont accordés sur le fait que l'ancienne Constantinople, située à quelques kilomètres de la faille anatolienne, est menacée par un séisme de magnitude 7,5 sur l'échelle de Richter d'ici 2030. Or, selon la Chambre des architectes d'Istanbul, 70 % des bâtiments ne respectent pas les normes sismiques.

Autre conséquence du réchauffement climatique, d'après le 4ème rapport d'évaluation du GIEC de 2007, le niveau de la mer pourrait s'élever de 35 cm d'ici 2100 en Méditerranée. La moitié de la population urbaine vivant à moins de 10 mètres d'altitude, cela laisse présager le pire. En outre, la région est définie par ces mêmes experts comme zone sensible et particulièrement menacée par la submersion marine et l'érosion côtière. Ainsi, un demi-siècle aura suffit pour que la mer engloutisse 2% du lido montpelliérain. De même, en Camargue, 10 mètres de littoral peuvent s'évanouir chaque année. Autre exemple, le delta du Nil. Depuis sa construction, le barrage d'Assouan réduit les zones d'expansion des crues et la quantité de sédiments déversés par le fleuve, et, de ce fait, participe à l'accroissement de l'érosion côtière et l'affaissement d'une partie du littoral. Plus rare au début du 20ème siècle, le réchauffement climatique a aussi rendu chose commune "l'acqua alta" (hautes eaux) dans la Cité des Doges. Malgré des digues, Venise est constamment menacée par les inondations. Née de la mer et des échanges commerciaux, bâtie au cœur d'une lagune, où l'équilibre naturel a été rompu de génération en génération, l'un des plus hauts lieux du patrimoine de l'humanité s'est enfoncé de 23 cm en un siècle[12] ! La dernière inondation date de 2008, avec des eaux 156 cm au-dessus de la moyenne et un record en 1966, avec 194 cm.

Autre répercussion du réchauffement climatique, comme le souligne le Plan Bleu dans son rapport de 2009, les températures augmentent et sont fréquemment caniculaires en été (plus de 40°). Cette augmentation, additionnée à un vent sec et chaud, aggrave le risque d'incendies sur le pourtour

---

[12] Emmanuel MONNIER (Cahiers de Science & Vie, juin 2004)

méditerranéen. En Grèce, entre 2007 et 2009, des centaines de milliers d'hectares de forêts et de terres agricoles ont brûlé, tuant 65 personnes et détruisant des centaines d'habitations. Les incendies de l'été 2009 étaient même arrivés aux portes d'Athènes. A la même époque, plus à l'ouest sur la même rive, 10 % du parc des calanques marseillaises a été ravagé. La cité phocéenne a été amenée à établir sa propre cartographie des zones à risque d'incendie et oblige au débroussaillement en zone urbaine.

L'urbanisation rassemblant les populations dans des villes vulnérables, augmentent le nombre de victimes potentielles de catastrophes naturelles et celui de réfugiés climatiques [13], un concept qui concernera particulièrement les riverains du pourtour méditerranéen.

Face à la pression exercée par les activités anthropiques et le réchauffement climatique, les tentatives de maîtrise de l'urbanisme s'opèrent à différents niveaux.

Premièrement, à l'échelle des Etats ou territoires riverains. En France, afin de freiner l'urbanisation effrénée, le Conservatoire de l'espace littoral et des rivages lacustres, a été créé en 1976. Il

---

[13] On attribue le concept de réfugié climatique aux personnes qui quittent leur lieu de résidence lorsque l'équilibre entre la population et les ressources est rompu de façon durable.

acquiert à l'amiable des terrains ou immeubles auprès de collectivités, associations ou établissements publics, dans un objectif de sauvegarde des sites naturels et de leur équilibre biologique. En 2003, le Conservatoire est parvenu à soustraire 861 km de côtes à tout aménagement. Il s'est fixé de posséder 22 % du littoral pour 2050. En outre, la loi "littoral" de 1986 réglemente, voire interdit, les constructions à proximité immédiate de la côte. Ses dispositions figurent au Code de l'Urbanisme et concernent toutes les communes littorales, qu'elles soient riveraines des mers, des océans, des étangs salés, des plans d'eau intérieurs de plus de 1000 hectares ou des estuaires. Bien que souvent contournée par certaines municipalités, la loi protège officiellement trois zones : la bande littorale de 100 mètres où les constructions sont interdites en dehors des espaces déjà urbanisés, les sites et paysages remarquables sur lesquels ne sont autorisés que des aménagements légers nécessaires à la mise en valeur des lieux, et les espaces proches du rivage où l'extension de l'urbanisation ne peut être que limitée et justifiée dans le PLU Plan Local d'Urbanisme. Puis, dans le cadre de son "Plan Climat 2004-2012", la loi Grenelle 2 adoptée en octobre 2009 contraint les villes de plus de 50 000 habitants à mettre en place leur propre "Plan Climat" avant 2012 afin de s'adapter au réchauffement climatique et réduire leurs émissions de gaz à effet de serre.

D'autres pays riverains s'investissent dans une urbanisation durable. En Espagne, Calvia, sur l'île de Majorque aux Baléares, a obtenu le prix européen des villes à développement durable grâce à sa politique d'"esponjamiento" ("épongeage" du béton")[14]. La ville a reverdi ses 32 km de littoral dès le début des années 1990, notamment en dynamitant ses vieux hôtels. En Italie, c'est avec le plan "Piano Regolatore Generale" de 1999 que la ville de Naples, par la restauration d'édifices publics et la création de rues piétonnes, revalorise son centre et son patrimoine touristique et culturel. En Grèce, les Jeux Olympiques de 2004 auront donné l'occasion à l'agglomération d'Athènes de réaliser des travaux intégrant la préservation de l'environnement et du patrimoine. Trois kilomètres de rues piétonnes dans l'Agora antique, des lignes de métro supplémentaires jusqu'au Pirée et à l'aéroport, un tramway et des plantations d'arbres ont offert une sorte de renaissance à la capitale grecque.

A l'échelle européenne, la Communauté a adopté en 1998 un "cadre d'action pour un développement urbain durable", et mis en place en 1994 le programme européen URBAN qui vise à dynamiser et améliorer le cadre de vie de "70 zones urbaines du pourtour méditerranéen en crise" sur la période 2000-2006. De Gênes, à Bastia, en passant

---

[14] Jean Hébert ARMENGAUD (Le Point, n°1352, 1998)

par Héraklion, 700 millions d'euros ont été investis par le FEDER[15]. D'autres programmes et projets européens se posent en protecteurs des villes. Le projet européen COASTANCE, cofinancé par le Programme MED qui s'atèle au développement durable sur la rive nord, lutte contre les risques d'érosion côtière et de submersion marine accentués par le changement climatique. Il s'intéresse tout particulièrement à la gestion des sédiments et des impacts environnementaux des ouvrages côtiers. Né d'un besoin exprimé par un groupe d'administrations publiques spécialisé dans la gestion et la protection du littoral, il regroupe des régions de Grèce et d'Italie, puis l'Andalousie, la Croatie, le département de l'Hérault, et la région Languedoc-Roussillon. Il se base sur le programme de recherche BEACHMED qui se veut l'instigateur de nouvelles méthodes de gestion du littoral, et ses sous projets, comme BEACHMED-e/GESA/RESAMME qui cherche à développer des technologies durables pour exploiter les stocks de sable. Le projet COASTANCE vise également à mettre en œuvre des ouvrages adaptés pour protéger rapidement les zones urbanisées, les propriétés, les infrastructures, à travers des protections douces ou des travaux de défense lourde, tels que les ouvrages perpendiculaires (épis), les ouvrages parallèles à la côte en haut (digues), ou

---

[15] Fonds Européen de Développement Régional

parallèles à la côte en bas de plage (brise–lames) qui protégent les terres à l'arrière. De plus, la directive cadre 2007/60/CE sur l'évaluation et la gestion des risques d'inondations impose un recensement des bassins hydrographiques et des zones côtières à risque d'ici fin 2011, ainsi qu'un plan de gestion des risques avant la fin 2015.

A l'échelle régionale, après que la ville ait été abordée dans le chapitre 28 de l'Agenda 21 publié au sortir de la conférence des Nations Unies sur l'environnement et le développement de Rio en 1992, des Agendas 21 locaux méditerranéens ont été mis en place lors de la conférence de Rome en 1995. Parce que les relations qui se sont tissées entre ses villes ont construit la Méditerranée, ce sont elles aussi qui permettront d'envisager un scénario alternatif de développement urbain et de promouvoir des modes de vie durables. L'agenda 21 local méditerranéen apparaît en ce sens comme l'une des meilleures parades à l'urbanisation galopante. Il s'inscrit dans une démarche de développement durable, en cela qu'il porte sur la préservation environnementale et culturelle, et la politique d'aménagement urbain sous forme de projet de territoire et de programme d'action pour une meilleure gestion des espaces urbains. Il aborde généralement le problème des ressources hydriques, les risques d'inondations, la gestion des déchets, la pollution, et la circulation. A chaque échelle, les investissements entrepris sont autant d'actions qui permettent d'envisager un scénario alternatif meilleur. Toutefois chacune d'entre elles ne se verra renforcée que si tous les acteurs coopèrent entre eux. Et c'est dans cet esprit que les réseaux d'acteurs jouent un rôle important. A l'instar des réseaux Medcités et Medener regroupant les villes côtières méditerranéennes qui souhaitent de façon respective renforcer leurs capacités de gestion dans le domaine de l'environnement, des transports et des déchets, ou échanger leurs connaissances dans le domaine de l'énergie.

La croissance démographique, l'exode rural, l'attractivité touristique ont participé à la littoralisation des cités multimillénaires de la « Mer du milieu », une expansion urbaine toujours en cours puisque d'ici 2025, ¾ de la population sera citadine et les flux touristiques seront multipliés par deux. Cette évolution s'opère différemment sur les deux rives, la rive sud accusant une croissance urbaine plus brutale et désordonnée, puis la rive nord une certaine périurbanisation et une volonté de réhabilitation de ses centres villes. Saturées, polluées et sous pression, les zones urbaines voient leur vulnérabilité amplifiée par le réchauffement climatique et mettent les Méditerranéens au défi de la maîtrise de l'urbanisation.

Et, si des efforts sont réalisés à différentes échelles, la coopération méditerranéenne semble toutefois l'unique voie vers un avenir viable pour ses générations futures. La région pourrait-elle mettre en place une stratégie méditerranéenne pour les villes et établir son propre "document de politique urbaine" [16], à l'instar de celui qui est en cours d'élaboration par la Commission européenne d'ici la fin de l'année et qui abordera entre autres la planification urbaine, les transports publics, les espaces verts ? Une charte de l'urbanisation durable en Méditerranée ne serait-elle pas la bienvenue? L'Union pour la Méditerranée, qui renforce petit à petit le dialogue régional et la coordination des activités de chaque gouvernement, est-t-elle à même de coordonner les acteurs vers l'instauration d'une politique côtière urbaine mobilisant tous les acteurs ? On peut se demander quel sera le moteur de cette prise de conscience "plus" collective...

---

[16] Annonce de Johannes Hahn, Commissaire européen à la politique régionale, au sortir de la 6ème conférence européenne des villes durables, Dunkerque, 21 mai 2010

Biographical Note

Eva Riollot est née le 8 juillet 1975 en France. Après un Master 1 en commerce et vente, qu'elle a terminé au Etats-Unis en 1998, elle a occupé des postes à responsabilités dans ce domaine en France et à l'export dans une vingtaine de pays pendant près de 10 ans.

Elle a ensuite choisi d'ajouter une dimension sociale et environnementale à son profil et a suivi un Master 2 en Politiques environnementales et développement durable à l'Institut Catholique de Paris en 2008–2009. Passionnée par la Méditerranée, elle a tout naturellement, au sortir de cette formation, souhaité mettre en pratique l'enseignement qu'elle a reçu dans cette région, et a intégré la Fondation de Malte et l'Institut International de l'Océan, à Malte, pour y effectuer des recherches sur la lutte contre les pollutions littorales de l'archipel.

De cette expérience, elle aura publié *"L'Impact anthropique sur le littoral maltais"* dans le magazine français MER & LITTORAL début 2010, illustré par ses propres photos, sa deuxième passion. Membre de plusieurs associations, elle s'investit dans la protection des droits de l'homme et la préservation de l'environnement.

Rights, Present Duties, Universal Responsibilities

Salvino BUSUTTIL

Addressing the United Nations General Assembly in September 2009, Dr Lawrence Gonzi, Prime Minister of Malta, stated:

"Just as it was necessary in 1948 to recognize the need for a universal declaration of human rights, as a fundamental condition for the enjoyment of freedom, justice and peace for all men and women around the world, so it has become vital now to have a concomitant declaration on human duties of the present generation as well as our responsibilities towards future generations.

We have the overall task of conserving the human species in the sacredness of its life and in its continuity, as well as of preserving the environment, in all its manifestations. We believe that such a declaration emanates naturally from that doctrine of the common heritage of mankind which my country, in 1967, first mooted to this Assembly, eventually leading to the UN Convention on the Law of the Sea.

Malta believes that human duties are intrinsic to the personality, oneness and uniqueness of the human being, and are as inalienable as human rights. Those duties do not arise from laws or obligations but are fundamentally inherent to the human being. Such duties refer to the human beings themselves and to their fellow beings, and in a special manner to their family, to the community at all levels, and to the natural and cultural environment in which their life evolves.

The envisaged declaration, strengthening and fulfilling the thrust of the 1948 universal instrument, should mark the work of this Assembly as a consummate service to the international community. It should stand out as a major achievement of the United Nations at the beginning of the third millennium of our era."

Echoing the call that in 1980 UNESCO had originally made for appropriate action to secure and safeguard the rights of future generations, Dr Gonzi's plea recognised the duties of the present generation towards those who come later in the flow of history. To them, we should bequeath a world at least as untarnished as we have received it, legating to them that common heritage, and especially its physical as well as its non-material and symbolic resources, which of its nature belongs to the human species as a whole.

That UNESCO process culminated in the adoption in 1997 of the *Declaration on the Responsibilities of the Present Future Generation towards Future Generations (DR)* a remarkable document which solemnly enunciates the nature of such rights, even though the pivotal question of how those rights are secured and protected is left open.

Apart from the 1997 UNESCO Declaration on Responsibilities, there have been two other international related documents drafted on duties and responsibilities. There is the UN General Assembly Resolution 53/144 discussed at the 85th Plenary meeting of the General Assembly on 9th December 1998 bearing the title *"Declaration on the Right and Responsibility of Individuals, Groups and Organs of Society to Promote and Protect Universally Recognised Human Rights and Fundamental Freedoms"*, and which takes note of the 3rd April 1998 Resolution of the UN Commission on Human Rights 1998/7.

Not meant so much as a resolution favouring duties but rather as emphasising the duty to respect rights, this UN Resolution is wishy-washy, bereft of any robust advocacy for human duties and responsibilities as such. It is drawn up with a high measure of pusillanimity lest it imply a dilution of *acquired* human rights, a stance which the present Secretary-general appears to favour[1].

---

[1] Amassing some 41 Articles, the' Declaration of Responsibilities and Human Duties' adopted in 2002 by A High Level Grouped Chaired by Richard J. Goldstone under the auspices of the city of Valencia and UNESCO and held by the Valencia Third Millenium Foundation, is even more perplexing in that it seems to ignore the major Unesco resolution thereon passed by that Organization's General Conference in 1997. Attempting to cover everything under the sun, as it were, the Valencia declaration seems to have had little impact. It is

In the course of first drafting, in 1981, the UNESCO declaration, I was counselled by some colleagues to insist on **responsibilities** rather than **rights**. And indeed the feeling in the upper echelons at UNESCO was to avoid introducing, as it were, a new generation of rights. Privileging the ethics of responsibilities as moral duties also raised eyebrows[2].

Relating human duties to human rights has also aroused a similar debate especially in their future-oriented connotation. At an expert meeting examining in 2008, in Messina (Italy) a Draft Declaration on Human Duties (DDHD), the issue was surveyed primarily in its potential rapport with the Universal Declaration of Human Rights (UDHR) which it is meant to complement and complete, thus having a diptych[3].

---

nonetheless a useful background document as it strives to produce a compendium of every type of human duty. It is rather strange that three senior UNESCO officials formed part of this high level group seemingly oblivious of Unesco's own work and Resolution thereon.

[2] At the time the present author was Director of the Unesco Division on Socio-Cultural Environment and Human Settlements, and had set in motion the Unesco Project on responsibilities towards future generations

[3] This seminar was held by the Universities of Rome and Messina on 5th December 2008 to examine a first draft of a Universal Declaration on Human Duties prepared two years earlier by a team led by Federico Mayor, former Director-General of UNESCO.

Article 29.1 of UDHR specifies that *"the individual has duties to the community in which alone the free and full development of his personality is possible"*, this reference being retained in the first paragraph of the Preamble to the proposed Declaration of Human Duties/Responsibilities (see DDHD Annex I). In the language of that draft, the nexus between responsibility and duty is forged by the consideration (in the second paragraph of the Preamble) that the *"duties of man make all individuals responsible for their acts towards other members of humankind and that in particular the recognition of the responsibilities of the present generation towards future generations constitutes the foundation for the survival of humanity."*

Declaratory language, especially in U.N. instruments or documents, tends to obfuscate the exact significance of basic notions. For a declaration of principles does not of itself create a new duty or a new responsibility. Rather, it enumerates already existing *"principles"* which are formally expressed, and thus recognised by all as emanating from the human condition and from man's essence.

Duty may connote an obligation imposed by a force **external** to man himself, such compulsion deriving from societal and family structures, from laws, norms and mores.

Responsibility appeals to the individual's conscience, to his own values and to his own *"principles"* of behaviour[4].

Hence the declaratory language that has been adopted for Human Responsibilities aims to stress that the individual feels **responsible** towards future generations and not simply **obligated** through a duty externally imposed. The significance of the distinction is that even if he were not compelled by the laws of his country (or by those where he resides), the individual would still feel **responsible** towards future generations, towards his family, towards the environment and towards the national and international community.

Attempting to harmonise this distinction, the Draft Declaration reorganizes human **duties** in the same manner that the Universal Declaration on Human Rights insists that these rights are inalienable because of their intrinsic belonging to the human person. Duties are fundamental responsibilities as they pertain to all members of the human species, regardless of space and time. No person can therefore refuse to accept and honour his **duties** which are neither produced by laws, nor by

---

[4] E.Brown Weiss, for example, argues that "while rights are always connected to obligations, the reverse is not always true". E. Brown Weiss, in *Fairness to Future Generations: International Law, Common Patrimony, and Intergenerational Equity.* Transnational/U.N. University, 1989, p.289.

external obligations but because they are inherent to the human condition.

Nonetheless, the Draft Declaration on Human Duties goes beyond the area covered by the Universal Declaration on Human Rights since the 1948 document does not refer, for example, to the rights of children or to the environment, or to **obligations towards their future** (i.e. rights of unborn children, and the rights of future generations to their environment).

To make clear the distinction between **Rights, Responsibilities** and **Duties**, the fifth paragraph of the Preamble considers *"the importance of giving precise context to human responsibilities, thus establishing an indispensable harmonious balance between human rights and human duties"* stressing *"the necessary link between human rights and human duties that constitute the two complementary, faces of the same reality"*, adding, in the subsequent paragraph, that *"the fulfilment of responsibilities justifies the full benefit of the respect of human rights and that the enjoyment and the excuse of human rights imply the execution of corresponding duties"*.

Calling for a spirit of human solidarity in all individuals and throughout all societal structures, the Draft Declaration on Human Duties augurs that it be implemented in the same perspective, and through the same or similar organs, as the Universal Declaration on Human Rights.

As indicated above, two areas of responsibility and duty not addressed by the 1948 Declaration refer to children and the environment. The former are covered, in the Draft Declaration on Human Duties, by Articles 11 and 12, and the latter by Articles 13, 14 and 15.

Articles 11 and 12 are intrinsically inter-related in that, the duty of children to respect their parents can, in practice, only be duly exercised once the parents, in turn, respect their children (e.g. by not abusing them or forcing them to work even if under-age).Emphasising mutual respect, the two Articles fill (at least partially) the void left in the Universal Declaration on Human Rights.

Since 1948, and, especially, following the 1972 U.N. Conference on the Environment (which gave birth to the U.N. Environment Programme - UNEP), a number of international instruments and declarations concerning the environment have been enacted, a process which in 1992 led, after the Rio de Janeiro U.N. Conference on Environment and Development, to embracing Sustainable Development as the justified "mantra" for ecological conservation and environmental protection in the setting of global socio-economic development.

In its **General Provisions**, DDHD refers to duties towards the natural and cultural environment in Article I, to duties towards future generations and to sustainable development in Article 2, while Article 3 stipulates that the new Declaration cannot be invoked to cancel, or act contrary to any U.N. provision, subsequent to the Universal Declaration on Human Rights[5].

Thus inspired, Articles 13 to 15 seek to define responsibilities in their physical and socio-cultural environmental context. Characterised by the universal goal of protecting humankind's common heritage, the Articles bestow the widest possible brief in that duties and responsibilities are to be exercised as a function of that finality. Implicitly, the Articles confer on all men and women the responsibility of safeguarding, as an essential condition of our common patrimony, the cultural environment, encompassing both the built environment as well as non-tangible resources.

Permeating that concern is the duty to respect national and cultural identities as well as those of communities and minorities, enjoining all men and women to *"respect"* the cultural *"property"* of all peoples and of all nations, such *"property"* belonging of its nature to all humankind, not to be

---

[5] This provision is important given the plethora of UN statements on this issue.

appropriated by any single individual or corporate or state entity.

Substantially, this approach applies the basic philosophy of the U.N. Law of the Sea Convention (adopted at Montego Bay, 1982) and reflects admirably the original text first submitted by Arvid Pardo in his defining 1967 address to the U.N. General Assembly[6].

It is considered appropriate to refer to *"minorities"* in Article 15 in that although the notion is implicit in different Articles of the Draft, notably in Article 9 concerning discrimination, mentioning it expressly strengthens the impact of the Article itself, thus re-affirming the rights of minorities. In a world where, in different areas, minorities suffer because they are minorities, underlining their rights, and therefore our duty to respect them, enriches and strengthens the DDHD.

It is pertinent to refer here to the UNESCO Declaration which recalls previous documents relating to the problematique of human responsibilities, starting from 1972 up to 1990[7].

---

[6] Arvid Pardo, Malta's Permanent Delegate to the U.N., addressed the General Assembly on the principle that seabed resources beyond natural jurisdiction should be declared as forming part of the common heritage of humankind, and to be thus developed for peaceful purposes.
[7] "Recalling that the responsibilities of the present generations towards future generations have already been referred to in various instruments such as the Convention for the Protection of the World

In the first three articles, the Declaration refers respectively to the needs and interests of future generations, to freedom of choice and to the maintenance and perpetuation of humankind, the latter related to article 6 on the human genome. Articles 4 and 5 stress obligations towards the conservation and protection of the environment in the context of sustainable development (article 5, para 1) and of the common heritage of mankind (article 8), through the pursuit of peace (article 9).

Seeking to protect the human genome, its Article 6 enjoins the international community to have *"full respect (for) the dignity of the human person,"* stressing that dignity through Article 3 whereby present generations are instructed *"to ensure the maintenance and perpetuation of humankind with due respect to the dignity of the human person"*. Its conclusion that *"the nature and form of human life must not be undermined in any way whatsoever"* is a

---

Cultural and Natural Heritage, adopted by the General Conference of UNESCO on 16 November 1972, the United Nations Framework Convention on Climate Change and the Convention on Biological Diversity, adopted in Rio de Janeiro on 5 June 1992, the Rio Declaration on Environment and Development, adopted by the United Nations Conference on Environment and Development on 14 June 1992, the Vienna Declaration and Programme of Action, adopted by the World Conference on Human Rights on 25 June 1993, and the United Nations General Assembly resolutions relating to the protection of the global climate for present and future generations adopted since 1990…". Paragraph 8 of the UNESCO declaration.

robust statement in favour of the preciousness of human life not to be tarnished by any process harming its pristine constituent character.

Following its main thrust to secure the rights of future generations to their environment, the UNESCO document insists that environmental protection be covered specifically through Article 5.1 requesting present generations to "strive for sustainable development and preserve living conditions, particularly the quality and integrity of the environment."

Through Article 5.4, present generations are charged to *"take into account possible consequences for future generations of major projects before these are carried out"*, thus underlining both the Precautionary Principle and the role of a *"Guardian"* for Future Generations.

Interesting though the exercise of defining rights of and duties and responsibilities to future generations may be, what is supremely crucial, beyond the usual effulgence of declaratory language, is that the international community put in motion workable instruments and organs for state compliance, and that within regions and states, the principle of solidarity is fully applied, for example, through proper regard of minorities of whatever form[8].

---

[8] See infra

Responsibility as a notion had many votaries, one of the more recent and influential being Hans Jonas through his theory of moral responsibility which, going beyond Kantian ethical limitation to inter-personal responsibilities, extended the concept to humankind's interactions with its environment and thus reaching also to future humans[9]. Reacting to Jonas' somewhat simplistic postulates, Prue Taylor, in a lucid contribution to the debate, argues that since the concept of responsibility implies an object for that responsibility, then it must encapsulate humankind's overall perennial relativity with all nature, including man's own species.

Linking the moral imperative to rights, and therefore to legal structures, Taylor offers the view that *"if a legal requirement of responsibility can be created to implement a moral responsibility, then there is the potential that human activity will fundamentally change so that there is much less call for the law to respond to an endless catalogue of destructive human behaviour and technologies."* Hence, Taylor calls for *"stewards or guardians"* responsible, for example, for the right to land use, embracing implicitly the creation of that overall guardian which many of us have been proposing[10].

---

[9] See Hans Jonas, *Das Prinzip* Verantevortung, 1979

[10] In fact, Taylor sees the land-use regulatory processes common to most advanced democracies, as a natural exercise of stewardship. See Prue Taylor: '*The Imperative of Responsibility*' in a Legal Context:

78

Overseeing the accomplishment of duties and the discharging of responsibilities may become a process requiring, in its application to the future, an entity empowered to exercise compliance. Evidently, such compliance could only make sense, for example, in situations or developments requiring of their nature the observance of the Precautionary Principle, safeguarding future generations from obnoxious repercussions potentially resulting through such developments or situations.

Opponents to the concept of duties, rather than of responsibilities, argue that the mandatory imperative implied therein may harm the *"supremacy"* of the human being which, in principle, enshrines the first overriding *"duty"* towards one's own life and to its integrity, maintained, unsullied in that natural and cultural societal environment *"in which alone the free and full development of his personality is possible,"* that is exercising *"his rights and freedoms"* while being conscious that every right and freedom subsumes a corresponding duty[11].

Reconciling Responsibilities and Rights in *Democracy, Ecological Integrity and International Law, Cambridge Scholars Publishing, Cambridge, 2010, pp.198-224.*
[11] Article I DDHD. See also Emmanuel Agius and Salvino Busuttil (eds) *World Declaration on Our Responsibilities Towards Future Generations* in *What Future for Future Generations?* pp. 307-311, Foundation for International Studies, Malta, 1994. On the concept of the Guardian see *"A Guardian for Future Generations – The Maltese*

There is in fact a fundamental distinction between the *"duty"* to oneself and that to others, the latter being essentially a responsibility which, for future generations, has to be carried by *"someone"* in the present generation. In that setting, the *"guardian"* becomes an *"imperative."*

For both present and future generations need to huddle under the mantel of the guardian lest the winds of development and of technological advance usurp mankind's heritage today and its legacy for tomorrow[12].

While, however, guardians can oversee proper stewardship over nature, it is by being true to himself, by abiding by his supreme duty to conserve his own integrity, even beyond the physical parameters of the human genome, that man reaches the fullness of his vocation.

Government's Proposal in Emmanuel Agius and Salvino Busuttil, *What Future forFuture Generations*, pp. 313-317, Foundation for International Studies, Malta 1994 and Maxwell Bruce, A *Draft Instrument Concerning the Role of a Guardian* in Emmanuel Agius and Salvino Busuttil (eds) in *Future Generations and International Law*, pp.163-165 Earthscan, Londno 1998

APPENDIX A
DRAFT UNIVERSAL DECLARATION ON HUMAN DUTIES

(*) The text was revised at a meeting of experts at Messina, Italy on December 5 and 6, 2008.

Considering that in accordance with article 29.1 of the Universal Declaration of Human Rights, "the individual has duties to the community in which alone the free and full development of his personality is possible,"

Considering that duties of man make all individuals responsible for their acts towards other members of humankind and that in particular the recognition of the responsibilities of the present generation towards future generations constitutes the foundation for the survival of humanity,

Considering that the ignorance of human duties has been detrimental to **human rights,** leading to the birth of arbitrary political régimes, and that it has, otherwise, provoked damage, sometimes irreversible, to the natural and cultural environment,

Noting that international human rights instruments, universal and regional, generally reserve only a limited place to man's duties, relegating them as a simple counterpart to human rights,

Considering the importance of giving precise content to human duties, thus establishing an indispensable harmonious balance between human rights and human duties and to better underline the necessary link between human rights and hiuman duties that constitute the two, complementary, faces, of the same human reality,

Considering that the fulfilment of duties justifies the full benefit of the respect of human rights and that the enjoyment and the exercise of human rights imply the execution of corresponding duties,

Proclaim, inspiring a spirit of human solidarity in all individuals and all organs of society, all peoples and all nations, as well as the international community, the present Universal Declaration on Human Duties that should be implemented in the same perspective as the Universal Declaration of Human Rights by the same organs of the United Nations, by specialized agencies and by regional organizations:

I.   General Provisions
ARTICLE 1.   Every individual has duties towards himself, towards others, towards the family, towards the natural and cultural environment and towards the community, national and international, in which

alone the free and full development of his personality is possible. He must exercise his rights and freedoms while being conscious that every right and freedom subsumes a corresponding duty.

ARTICLE 2. While assuming the duties that are his, the individual must feel also fully responsible towards future generations preserving in particular the common heritage of mankind; he must always work for sustainable development and preserve biodiversity and the natural equilibrium, necessary to life and to the survival of humanity.

ARTICLE 3. No provision of the present Declaration may be interpreted, nor invoked as implying in some way for any State, a group or an individual to engage in any activity or to perform any act contrary to the Universal Declaration of Human Rights and to all subsequent international instruments related to human rights.

II.   **Human Duties**
1.   **Duties towards himself.**
ARTICLE 4. Every individual must safeguard his physical and mental health.

ARTICLE 5. Every individual has the duty to utilise all material and human means which he disposes of to acquire at least primary instruction, a condition for the development of his personality and his dignity.

ARTICLE 6. From a minimum age defined by law and respecting applicable international obligations, every individual has the duty to work according to his capacities and his possibilities to obtain the necessary resources for his subsistence and to fulfil the tasks that burden all members of the national and the international community.

2.   **Duties towards others**
ARTICLE 7. All individuals must act towards others in a spirit of brotherhood. In particular, every individual has the duty to maintain with others relations that allow each one to form and to develop his personality and to promote, to protect and to reinforce reciprocal respect and tolerance.

ARTICLE 8. Every individual has the duty to respect the physical, moral, intellectual and spiritual integrity of others and to abstain from any attack on their personality.

ARTICLE 9. Every individual has the duty to respect and to treat others without any discrimination, notably of race, of ethnic origin, of colour, of sex [and sexual orientation], of language, of age, of handicap, of religion, of public opinion and all other opinions, of national or social origin, of fortune, of birth or all of other permanent or temporary, personal or collective situations.

ARTICLE 10. Every individual has the duty to offer appropriate aid to all persons in physical or moral danger, notably during natural disasters and international and non international armed conflicts.

3. Duties towards the family
ARTICLE 11. Every individual has the duty to feed, to educate, to protect and to help his minor children so that they are able to develop in a healthy and human way on a physical, intellectual, moral, spiritual and social plane, in conditions of freedom and dignity.

ARTICLE 12. Children have the duty to respect at all times their parents and to help them, to protect them and to feed them in case of necessity, the parents having on their part the duty to respect the rights of the children.

4. Duties towards the natural and cultural environment.
ARTICLE 13. Every individual has the duty to respect the natural and cultural environment as well as biodiversity, to put his knowledge at the service of their preservation and their development and to exploit natural riches taking into account the needs of others and the necessity to assure the survival of humanity and humankind's common heritage.

ARTICLE 14. Every individual must respect all animal and plant species in any compatible measure with his other duties towards himself, towards others, towards the family, the national and the international community.

ARTICLE 15. Every culture, having its own dignity and its own value, must be respected and must be protected by every individual who must contribute to its progress and its development; in particular, every individual must respect the identity, notably national and cultural, of others and of all human collectivities including minorities. The cultural property of peoples and of nations and, notably, those that are recognized as forming part of the common heritage of the humankind must benefit from a specific respect.

5. Duty towards the national community.
ARTICLE 16. Every individual has the duty to submit to the laws and other legitimate arrangements adopted in a democratic way by the competent authorities of the country where he resides, as well as to the applicable international obligations and to contribute to their implementation, while keeping in mind international law and of his duties towards humankind.

ARTICLE 17. Every individual has the duty to pay taxes and other public levies established by law for the general interest and to accomplish all services required at times of crises, of calamities or of natural disasters that threaten the life or the well-being of the national and international community.

ARTICLE 18. Every individual must, according to his faculties and his conscience and in conformity with the law, contribute to the defence and to the security of his country by all legitimate means, including military means, specifically in case of aggression and to repress crimes against peace, crimes of war and crimes against humanity.

ARTICLE 19. Within the limits of his possibilities and within the parameters set by law every individual has the duty of solidarity and of help towards other members of the national and of the international community, without his being punished for carrying out such a duty.

ARTICLE 20. Every individual has the duty to take part in the government and in the administration of public affairs of his country, notably while participating, in conformity with the law, in democratic, free and honest periodic elections.

6.   Duty towards the international community.

ARTICLE 21. Every individual has the duty to respect and to make respect international law and the laws of humanity; he must know and must make known human rights and human duties in their national, regional and international dimension.

ARTICLE 22. Every individual must contribute to the maintenance of peace, the common good of humankind, while opposing by all legitimate means war of aggression and to the massive, systematic and flagrant violations of human rights.

The original text was drawn up by a group of experts under the leadership of Mr Federico Mayor former Director-General of UNESCO.

APPENDIX B
UNIVERSAL DECLARATION ON THE HUMAN
GENOME AND HUMAN RIGHTS
Adopted on 11th November 1997

The General Conference,
Recalling that the Preamble of UNESCO's Constitution refers to 'the democratic principles of the dignity, equality and mutual respect of men', rejects any 'doctrine of the inequality of men and races', stipulates 'that the wide diffusion of culture, and the education of humanity for justice and liberty and peace are indispensable to the dignity of men and constitute a sacred duty which all the nations must fulfil in a spirit of mutual assistance and concern', proclaims that 'peace must be founded upon the intellectual and moral solidarity of mankind', and states that the Organization seeks to advance, 'through the educational and scientific and cultural relations of the peoples of the world, the objectives of international peace and of the common welfare of mankind for which the United Nations Organization was established and which its Charter proclaims',

Solemnly recalling its attachment to the universal principles of human rights, affirmed in particular in the Universal Declaration of Human Rights of 10 December 1948 and in the two International United Nations Covenants on Economic, Social and Cultural Rights and on Civil and Political Rights of 16 December 1966, in the United Nations Convention on the Prevention and Punishment of the Crime of Genocide of 9 December 1948, the International United Nations Convention on the Elimination of All Forms of Racial Discrimination of 21 December 1965, the United Nations Declaration on the Rights of Mentally Retarded Persons of 20 December 1971, the United Nations Declaration on the Rights of Disabled Persons of 9 December 1975, the United Nations Convention on the Elimination of All Forms of Discrimination Against Women of 18 December 1979, the United Nations Declaration of Basic Principles of Justice for Victims of Crime and Abuse of Power of 29 November 1985, the United Nations Convention on the Rights of the Child of 20 November 1989, the United Nations Standard Rules on the Equalization of Opportunities for Persons with Disabilities of 20 December 1993, the Convention on the Prohibition of the Development, Production and Stockpiling of Bacteriological (Biological) and Toxin Weapons and on their Destruction of 16 December 1971, the UNESCO Convention against Discrimination in Education of 14 December 1960, the UNESCO Declaration of the Principles of International Cultural Co-operation of 4 November 1966, the UNESCO Recommendation on the Status of Scientific Researchers of 20 November 1974, the UNESCO Declaration on Race and Racial Prejudice of 27 November 1978, the ILO Convention (No. 111) concerning Discrimination in Respect of Employment and Occupation of 25 June 1958 and the ILO Convention (No. 169) concerning Indigenous and Tribal Peoples in

Independent Countries of 27 June 1989,

Bearing in mind, and without prejudice to, the international instruments which could have a bearing on the applications of genetics in the field of intellectual property, inter alia the Berne Convention for the Protection of Literary and Artistic Works of 9 September 1886 and the UNESCO Universal Copyright Convention of 6 September 1952, as last revised at Paris on 24 July 1971, the Paris Convention for the Protection of Industrial Property of 20 March 1883, as last revised at Stockholm on 14 July 1967, the Budapest Treaty of the WIPO on International Recognition of the Deposit of Micro-organisms for the Purposes of Patent Procedures of 28 April 1977, and the Trade Related Aspects of Intellectual Property Rights Agreement (TRIPs) annexed to the Agreement establishing the World Trade Organization, which entered into force on 1 January 1995,

Bearing in mind also the United Nations Convention on Biological Diversity of 5 June 1992 and emphasizing in that connection that the recognition of the genetic diversity of humanity must not give rise to any interpretation of a social or political nature which could call into question 'the inherent dignity and (...) the equal and inalienable rights of all members of the human family', in accordance with the Preamble to the Universal Declaration of Human Rights,

Recalling 22 C/Resolution 13.1, 23 C/Resolution 13.1, 24 C/Resolution 13.1, 25 C/Resolutions 5.2 and 7.3, 27 C/Resolution 5.15 and 28 C/Resolutions 0.12, 2.1 and 2.2, urging UNESCO to promote and develop ethical studies, and the actions arising out of them, on the consequences of scientific and technological progress in the fields of biology and genetics, within the framework of respect for human rights and fundamental freedoms,

Recognizing that research on the human genome and the resulting applications open up vast prospects for progress in improving the health of individuals and of humankind as a whole, but **emphasizing** that such research should fully respect human dignity, freedom and human rights, as well as the prohibition of all forms of discrimination based on genetic characteristics,

Proclaims the principles that follow and **adopts** the present Declaration.

A. Human Dignity and the Human Genome
Article 1
The human genome underlies the fundamental unity of all members of the human family, as well as the recognition of their inherent dignity and diversity. In a symbolic sense, it is the heritage of humanity.

Article 2
(a) Everyone has a right to respect for their dignity and for their rights

regardless of their genetic characteristics.
(b) That dignity makes it imperative not to reduce individuals to their genetic characteristics and to respect their uniqueness and diversity.

Article 3
The human genome, which by its nature evolves, is subject to mutations. It contains potentialities that are expressed differently according to each individual's natural and social environment, including the individual's state of health, living conditions, nutrition and education.

Article 4
The human genome in its natural state shall not give rise to financial gains.

B. Rights of the Persons Concerned

Article 5
(a) Research, treatment or diagnosis affecting an individual's genome shall be undertaken only after rigorous and prior assessment of the potential risks and benefits pertaining thereto and in accordance with any other requirement of national law.
(b) In all cases, the prior, free and informed consent of the person concerned shall be obtained. If the latter is not in a position to consent, consent or authorization shall be obtained in the manner prescribed by law, guided by the person's best interest.
(c) The right of each individual to decide whether or not to be informed of the results of genetic examination and the resulting consequences should be respected.
(d) In the case of research, protocols shall, in addition, be submitted for prior review in accordance with relevant national and international research standards or guidelines.
(e) If according to the law a person does not have the capacity to consent, research affecting his or her genome may only be carried out for his or her direct health benefit, subject to the authorization and the protective conditions prescribed by law. Research which does not have an expected direct health benefit may only be undertaken by way of exception, with the utmost restraint, exposing the person only to a minimal risk and minimal burden and if the research is intended to contribute to the health benefit of other persons in the same age category or with the same genetic condition, subject to the conditions prescribed by law, and provided such research is compatible with the protection of the individual's human rights.

Article 6
No one shall be subjected to discrimination based on genetic characteristics that is intended to infringe or has the effect of infringing human rights, fundamental freedoms and human dignity.

Article 7
Genetic data associated with an identifiable person and stored or processed for the purposes of research or any other purpose must be held confidential in the conditions set by law.

Article 8
Every individual shall have the right, according to international and national law, to just reparation for any damage sustained as a direct and determining result of an intervention affecting his or her genome.

Article 9
In order to protect human rights and fundamental freedoms, limitations to the principles of consent and confidentiality may only be prescribed by law, for compelling reasons within the bounds of public international law and the international law of human rights.

C. Research on the Human Genome
Article 10
No research or research applications concerning the human genome, in particular in the fields of biology, genetics and medicine, should prevail over respect for the human rights, fundamental freedoms and human dignity of individuals or, where applicable, of groups of people.

Article 11
Practices which are contrary to human dignity, such as reproductive cloning of human beings, shall not be permitted. States and competent international organizations are invited to co-operate in identifying such practices and in taking, at national or international level, the measures necessary to ensure that the principles set out in this Declaration are respected.

Article 12
(a) Benefits from advances in biology, genetics and medicine, concerning the human genome, shall be made available to all, with due regard for the dignity and human rights of each individual.
(b) Freedom of research, which is necessary for the progress of knowledge, is part of freedom of thought. The applications of research, including applications in biology, genetics and medicine, concerning the human genome, shall seek to offer relief from suffering and improve the health of individuals and humankind as a whole.

D. Conditions for the Exercise of Scientific Activity
Article 13
The responsibilities inherent in the activities of researchers, including meticulousness, caution, intellectual honesty and integrity in carrying out their research as well as in the presentation and utilization of their findings, should be the subject of particular attention in the framework of research on the

human genome, because of its ethical and social implications. Public and private science policy-makers also have particular responsibilities in this respect.

Article 14
States should take appropriate measures to foster the intellectual and material conditions favourable to freedom in the conduct of research on the human genome and to consider the ethical, legal, social and economic implications of such research, on the basis of the principles set out in this Declaration.

Article 15
States should take appropriate steps to provide the framework for the free exercise of Research on the human genome with due regard for the principles set out in this Declaration, in order to safeguard respect for human rights, fundamental freedoms and human dignity and to protect public health. They should seek to ensure that research results are not used for non-peaceful purposes.

Article 16
States should recognize the value of promoting, at various levels, as appropriate, the establishment of independent, multidisciplinary and pluralist ethics committees to assess the ethical, legal and social issues raised by research on the human genome and its applications.

E. Solidarity and International Co-operation
Article 17
States should respect and promote the practice of solidarity towards individuals, families and population groups who are particularly vulnerable to or affected by disease or disability of a genetic character. They should foster, inter alia, research on the identification, prevention and treatment of genetically based and genetically influenced diseases, in particular rare as well as endemic diseases which affect large numbers of the world's population.

Article 18
States should make every effort, with due and appropriate regard for the principles set out in this Declaration, to continue fostering the international dissemination of scientific knowledge concerning the human genome, human diversity and genetic research and, in that regard, to foster scientific and cultural co-operation, particularly between industrialized and developing countries.

Article 19
(a) In the framework of international co-operation with developing countries, states should seek to encourage measures enabling:
(i) assessment of the risks and benefits pertaining to research on the human genome to be carried out and abuse to be prevented;

(ii) the capacity of developing countries to carry out research on human biology and genetics, taking into consideration their specific problems, to be developed and strengthened;

(iii) developing countries to benefit from the achievements of scientific and technological research so that their use in favour of economic and social progress can be to the benefit of all;

(iv) the free exchange of scientific knowledge and information in the areas of biology, genetics and medicine to be promoted.

(b) Relevant international organizations should support and promote the initiatives taken by states for the above-mentioned purposes.

F. Promotion of the Principles set out in the Declaration
Article 20
States should take appropriate measures to promote the principles set out in the Declaration, through education and relevant means, inter alia through the conduct of research and training in interdisciplinary fields and through the promotion of education in bioethics, at all levels, in particular for those responsible for science policies.

Article 21
States should take appropriate measures to encourage other forms of research, training and information dissemination conducive to raising the awareness of society and all of its members of their responsibilities regarding the fundamental issues relating to the defence of human dignity which may be raised by research in biology, in genetics and in medicine, and its applications. They should also undertake to facilitate on this subject an open international discussion, ensuring the free expression of various sociocultural, religious and philosophical opinions.

G. Implementation of the Declaration
Article 22
States should make every effort to promote the principles set out in this Declaration and should, by means of all appropriate measures, promote their implementation.

Article 23
States should take appropriate measures to promote, through education, training and information dissemination, respect for the above-mentioned principles and to foster their recognition and effective application. States should also encourage exchanges and networks among independent ethics committees, as they are established, to foster full collaboration.

Article 24
The International Bioethics Committee of UNESCO should contribute to the dissemination of the principles set out in this Declaration and to the further

examination of issues raised by their applications and by the evolution of the technologies in question. It should organize appropriate consultations with parties concerned, such as vulnerable groups. It should make recommendations, in accordance with UNESCO's statutory procedures, addressed to the General Conference and give advice concerning the follow-up of this Declaration, in particular regarding the identification of practices that could be contrary to human dignity, such as germ-line interventions.

Article 25
Nothing in this Declaration may be interpreted as implying for any state, group or person any claim to engage in any activity or to perform any act contrary to human rights and fundamental freedoms, including the principles set out in this Declaration.

Biographical Note

Salvino Busuttil is a recognised specialist on Mediterranean affairs. He directed the U.N. Mediterranean Action Plan, was President of the International Centre for Higher Studies in Mediterranean Agronomy and Vice-President of the International Commission for the Scientific Exploration of the Mediterranean. His doctoral thesis in philosophy focused on Marxian Value Theory.

Emeritus Professor in Economics at the University of Malta, Salvino Busuttil headed the Socio-cultural Division at UNESCO. He was also Dean of the Faculty of Arts at the University of Malta, Director of the Malta Development Corporation; President of the Economic Council of Malta, and United Nations Adviser to the Prime Ministers of the Bahamas and of St. Vincent and the Grenadines. Between 1998 and 2005 he was Ambassador of Malta to France and Portugal.

At present, he sits on several company boards and is the President of the Fondation de Malte, set up by public deed in Malta in 1998. He is also an adviser to Malta's Minister of Foreign Affairs.

L'Intervento in alto mare fra "non refoulement", diritti umani e contrasto all'immigrazione clandestina

Studio destinato al volume in onore di Ugo Draetta

Claudio ZANGHI[1]

Sommario:

1.La regola del *non refoulement*;

a) nel diritto internazionale dei rifugiati;

b) in altri testi internazionali e specificamente nella Convenzione europea dei diritti dell'uomo;

c) il rinvio verso un Paese "sicuro".

2. L'applicazione extraterritoriale della regola : l'alto mare;

a) Il caso *"Hirsi contro Italia"*;

b) l'orientamento della Corte europea dei diritti dell'uomo.

3. Gli accordi di riammissione, utilissimi in teoria, vietati in pratica.

4. Esigenze dello Stato e tutela dei diritti umani;

a) l'intervento in alto mare : legittimità e stato di necessità;

b) considerazione conclusive.

---

[1] Professore di diritto internazionale nell'Università "Sapienza" di Roma.

1.   La regola del *"non refoulement"*
a)   *Nel diritto internazionale dei rifugiati*
Il principio del *non refoulement* è enunciato nell'articolo 33 della Convenzione del 1951 vincolante anche per gli Stati parte dal Protocollo del 1967. La norma dispone che *"nessuno Stato contraente potrà espellere, respingere in nessun modo un rifugiato presso le frontiere dei luoghi dove la sua vita la sua libertà sarebbero minacciati a causa della sua razza, religione, nazionalità, appartenenza ad una determinata categoria sociale o delle sue opinioni politiche"*

La protezione dal *non refoulement,* così come enunciata dall'articolo 33, si applica ad ogni persona considerata rifugiato in base alla Convenzione del 1951 cioè a chiunque soddisfi i criteri enunciati dalla definizione di rifugiato contenuta nella Convenzione stessa e non rientri nell'ambito di una delle disposizioni di esclusione[2]. Poiché una persona è definita rifugiato quando soddisfa i criteri enunciati nella definizione, la determinazione dello *status* ha una natura essenzialmente dichiarativa: una persona cioè non diventa rifugiato perché è

---

[2] Per esclusione della protezione internazionale dei rifugiati si intende il diniego di riconoscere lo *status* di rifugiato a persone che non rientrano nell'ambito dell'art.1 della Convenzione del 1951 o che non hanno titolo a ricevere protezione per le cause nella stessa disposizione elencate.

stata riconosciuta come tale, ma è riconosciuta come tale proprio perché è uno rifugiato[3].

Il principio del *non refoulement* non si applica quindi ai soli rifugiati riconosciuti ma anche a coloro il cui *status* non è stato ancora formalmente dichiarato[4]. Il principio è di particolare importanza per i richiedenti asilo. Poiché questi potrebbero essere rifugiati, il fatto che essi non dovrebbero essere respinti o espulsi finché non venga raggiunta una decisione finale riguardo al loro *status*, costituisce un principio ormai universalmente accettato.

Il divieto del respingimento verso una situazione di pericolo, di persecuzione in base al diritto internazionale é applicabile ad ogni forma di trasferimento forzato comprese deportazioni, espulsioni, estradizioni, trasferimenti informali e non ammissione alla frontiera. L'art. 33 della Convenzione del 1951 si riferisce all'espulsione o respingimento con l'espressione " *in nessun modo*", fugando così ogni possibile dubbio di

---

[3] Cfr. *Handbook on Procedures and Criteria for Determining Refugee Status* 1979, reedited in Geneva 1992 pag.28.
[4] Tale affermazione è stata ribadita dal Comitato esecutivo dell'UNHCR, ad esempio nella sua conclusione n. 6 (XXVIII), 1977 par. c , dove si afferma " *l'importanza fondamentale del rispetto del principio del non respingimento nel caso di persone che rischiano di subire persecuzioni se rinviate nel loro Paese di origine siano esse state o meno formalmente riconosciute come rifugiate*".

interpretazione erronea del principio. Ciò si applica non solo in relazione al ritorno nel paese di origine o nel caso di persona accolta nel paese di precedente residenza abituale, ma anche in qualsiasi altro luogo nel quale una persona abbia motivo di temere minacce per la propria vita o libertà in riferimento ad una o più delle fattispecie elencate nella Convenzione stessa e dal quale egli rischia di essere inviato verso un simile pericolo[5].

Il principio enunciato non implica, come tale, il diritto ad ottenere l'asilo, esso implica soltanto che nel caso in cui gli Stati non siano preparati a garantire asilo a persone che cercano protezione internazionale sul loro territorio essi devono impedire il loro trasferimento diretto o indiretto in un luogo nel quale la loro vita o libertà sarebbero poste in pericolo a causa della razza, religione, nazionalità, appartenenza a un determinato gruppo sociale od opinioni politiche.

Come regola generale, al fine di dare attuazione agli obblighi assunti con la Convenzione del 1951, agli Stati è richiesto di fornire accesso al territorio e ad eque ed efficienti procedure d'asilo agli individui che cercano protezione

---

[5] P.WEISS, *The Refugee Convention on 1951: the Travaux Préparatoirs Analysed with a Commentary by Dr. Paul Weiss,* Cambridge 1995 p.341.

internazionale [6] . L'unica eccezione prevista al principio é quella menzionata all'art. 32 che dispone " *il beneficio di detta disposizione non potrà tuttavia essere invocato da un rifugiato per i quali vi siano gravi motivi per considerarlo un pericolo per la sicurezza dello Stato in cui si trova, oppure da un rifugiato il quale, essendo stato oggetto di una condanna già passata in giudicato per un crimine o un delitto particolarmente grave, rappresenti una minaccia per la comunità di detto Stato"*

Nel quadro delineato dalla Convenzione del 1951 e dal Protocollo del 1967, il principio del *non refoulement* costituisce una componente essenziale non derogabile della protezione internazionale dei rifugiati. A ribadire l'importanza centrale dell'obbligo di non inviare un rifugiato verso un rischio di persecuzione, l'art. 42 della Convenzione del 1951 e l'art.7 del Protocollo del 1967 indicano l'art. 33 come una delle disposizioni della Convenzione cui non sono consentite riserve. Il carattere fondamentale non derogabile del principio è stato riaffermato anche in numerose conclusioni del Comitato esecutivo del UNHCR a partire dal 1977[7]. Anche l'Assemblea Generale ha invitato gli

---

[6] Cfr. UNHCR *Asylum Processes (Fair and Efficient Asylum Procedures)* EC/GC/01/12 31 May 2001 par.4-5; Executive Committee, Conclusion n.99; General Conclusion on International Protection 2004 par.1

[7] Si veda, ad esempio, Executive Committee conclusion n. 6 (XXVIII) che ribadisce che il principio umanitario fondamentale del *non*

Stati a rispettare il fondamentale principio del *non refoulement* che non è soggetto ad alcuna deroga[8].

L'obbligo del *non refoulement* si può trovare anche in trattati regionali e specificamente nella Convenzione istitutiva dell'Organizzazione dell'Unità Africana, che disciplina anche aspetti specifici del problema dei rifugiati in Africa[9] e nella Convenzione americana sui diritti umani del 1969.[10] Disposizioni analoghe, modellate sull'art. 33 della Convenzione del 1951, sono state inserite anche in trattati sull'estradizione, così come in diverse convenzioni contro il terrorismo, sia a livello universale che regionale. Inoltre il principio del *non refoulement* è stato riaffermato nella Dichiarazione di

---

refoulement ha trovato espressione in vari strumenti internazionali adottati a livello universale o regionale e che, in generale, esso è accettato dagli Stati. (nota 9 par.c); conclusion 17 (XXXI) par.b; Conclusion 25 (XXXII) par.b; Conclusion 65 (XLII) par.b; Conclusion 68 (XLIII) par.f; Conclusion 79 (XLVIII)par.j; Conclusion 81,(XLVIII) nota 14; Conclusion 103 (LVI) par.m.

[8] Cfr. A/RES/51/75 del 12 febbraio 1997 par.3

[9] L'art.II del testo della Convenzione in vigore dal 1974 così recita: *"nessuno può essere sottoposto da parte di uno Stato membro a misure quali il rifiuto di ammissione alla frontiera, il respingimento o l'espulsione che lo obbligherebbero a ritornare o a restare in un territorio dove la sua vita, integrità fisica o libertà sarebbero minacciate per uno dei motivi enumerati nell'articolo uno"*

[10] L'art. 22 così dispone " *in nessun caso uno straniero può essere deportato e inviato in un paese sia esso o meno il suo paese d'origine se in quel paese il suo diritto alla vita o alla libertà personale è in pericolo di essere violato a causa della sua razza, nazionalità, religione, status sociale od opinioni politiche"*.

Cartagena sui rifugiati del 1984 [11] ed in altri importanti testi internazionali, anche se non vincolanti, fra i quali in particolare la Dichiarazione sull'asilo territoriale adottata dall'Assemblea Generale delle Nazioni Unite del 14 dicembre 1967[12].

L'UNHCR, in un suo parere consultivo[13], ha affermato che il divieto del respingimento, così come contenuto nell'art. 33 della Convenzione e completato dagli obblighi previsti dal diritto internazionale dei diritti umani, soddisfa questi criteri ed è una norma di diritto internazionale consuetudinario [14], vincolante per tutti gli Stati

---

[11] Dichiarazione di Cartagena sui rifugiati del 22 novembre 1984. Rapporto annuale della Commissione interamericana dei diritti umani (doc. OEA/Ser.L/V/II.66 doc.10 rev.1.) La conclusione contenuta nella sezione terza enuncia: *"riaffermare l'importanza e il significato del principio del non respingimento compreso il divieto di respingimento alla frontiera come pietra angolare della protezione internazionale dei rifugiati"*.
[12] Cfr. A/RES/2132/ (XXII) del 14 dicembre 1967. All'art. 3 *"nessuna persona cui si è fatto riferimento all'art.1 par.1 dovrà essere soggetta a misure quali respingimento alla frontiera o, se già entrata nel territorio in cerca asilo, espulsione con ritorno obbligatorio in qualsiasi Stato nel quale potrebbe essere soggetto a persecuzione"*.
[13] ACNUR/UNHCR Parere consultivo sull'applicazione extraterritoriale degli obblighi di non respingimento derivante dalla Convenzione relativa allo *status* di rifugiato nel 1951 e del suo Protocollo del 1967. Ginevra 26 maggio 2007.
[14] Cfr. UNHCR, *The Principle of non refoulement as a Norm of Customary International Law*. Risposta al quesito formulato all'UNHCR dalla Corte Costituzionale Federale della Repubblica Federale di Germania nel caso 2BvR 1938/93, 2BvR 1953/93 e 2BvR 1954/93.

compresi quelli che non hanno aderito alla Convenzione del 1951 o al suo Protocollo del 1967. Molti Stati, infatti, rispondendo in numerose occasioni alle Rappresentanze dell'UNHCR, hanno implicitamente confermato l'accettazione del principio[15].

In una dichiarazione adottata a conclusione del *meeting* ministeriale degli Stati Parti, tenutosi il 12 e 13 dicembre 2001 e successivamente confermato dall'Assemblea Generale, gli Stati hanno riconosciuto: *"la continua rilevanza di questo regime internazionale compreso nel suo nucleo centrale il principio del non respingimento la cui applicabilità é oggi inserita a pieno nel diritto internazionale consuetudinario"*.[16]

---

[15] Come evidenziato dalla Corte Internazionale di Giustizia nel caso Nicaragua contro Stati Uniti (ICJ Reports, Merits, 1986 pag.14 par.186) " *per dedurre l'esistenza di norme consuetudinarie, la Corte considera sufficiente che la condotta degli Stati sia, in generale, coerente con tali norme e che le istanze dalla condotta di uno Stato contrarie ad una determinata norma siano generalmente trattate come violazione di tale norma, non come indicazioni del riconoscimento di una nuova norma. Se uno Stato agisce secondo modalità* prima facie *incompatibili con una norma riconosciuta, ma difende il proprio comportamento facendo appello a eccezioni o giustificazioni contemplate all'interno della stessa norma, che la condotta dello Stato sia giustificabile o meno su quella base, il significato di tale atteggiamento è quello di confermare la norma piuttosto che di indebolirla"*

[16] Cfr, Doc, HCR/MMSP/2001/09 del 16 gennaio 2002, par.4 del Preambolo.

b) *In altri testi internazionali e specificamente nella Convenzione europea dei diritti dell'uomo.*

Il principio del non respingimento, come si è accennato, non si esaurisce nell'ambito della Convenzione di Ginevra, ma è presente anche in altri strumenti. Una esplicita disposizione sul non respingimento è contenuta all'art.3 della Convenzione contro la tortura e altre pene o trattamenti crudeli, inumani e degradanti del 1984 che proibisce il trasferimento di una persona in un paese dove vi siano fondati motivi di ritenere che sarebbe in pericolo di subire torture.

Fra gli obblighi previsti dal Patto sui diritti civili e politici del 1966, così come interpretato dal Comitato dei diritti umani delle Nazioni Unite, sono compresi anche gli obblighi di non estradare, deportare, espellere o rimuovere in altro modo una persona dal territorio dello Stato verso luoghi in cui vi siano rischi reali di danno irreparabile quali quelli contemplati dagli articoli 6 e 7 del Patto siano essi il paese verso il quale il trasferimento sarà effettuato o qualsiasi altro paese in cui la persona possa essere successivamente trasferita[17].

---

[17] Con riferimento all'ambito degli obblighi derivanti dall'art.7, cfr. Human Rights Committee, General Comment n.20, art.7 del 10 marzo 1992, par.9 :" *gli Stati parti non devono esporre gli individui al pericolo di torture o altre pene e trattamenti crudeli, disumani, degradanti al ritorno in un altro paese a seguito della loro estradizione, espulsione o refoulement".*

Nel contesto europeo il diritto dello straniero di entrare, soggiornare e stabilirsi su una parte dello Stato non è di per sé garantito dalla Convenzione europea dei diritti dell'uomo, la quale, peraltro, non contiene alcuna disposizione in materia di espulsione. Soltanto i protocolli 4 e 7 prevedono limiti per l'espulsione degli stranieri. L'art. 3 della Convenzione, vietando la tortura, i trattamenti inumani e degradanti, non configura direttamente alcun obbligo di non respingimento; nella propria giurisprudenza la Corte, tuttavia, al fine di estendere l'efficacia della norma, ha interpretato la disposizione in maniera da configurare i suoi effetti anche fuori dal territorio nazionale. Com'è noto, a termini dell'art.1 della Convenzione, le Alte Parti Contraenti riconoscono i diritti e libertà enunciati nella Convenzione stessa ad ogni persona sottoposta alla loro giurisdizione; d'altra parte l'art. 3 dispone che nessuno può essere sottoposto a trattamenti inumani o degradanti; apparentemente quindi il limite territoriale, implicito nel concetto " sottoposto alla giurisdizione", sembrerebbe escludere qualunque responsabilità a carico degli Stati parte per fatti intervenuti fuori dal territorio dello Stato. D'altra parte, il divieto accennato, perderebbe molta della sua efficacia, qualora gli Stati avessero la possibilità di espellere le persone verso paesi nei quali il divieto di sottoporle a tortura, trattamenti inumani e degradanti non è vigente.

La Commissione prima e la Corte dopo, a partire dagli anni 60, hanno interpretato le norme richiamate estendendo la responsabilità dello Stato. Il problema è stato esaminato per la prima volta nel caso *Soering* contro la Gran Bretagna. La Virginia (e quindi gli Stati Uniti) ne aveva chiesto l'estradizione per processarlo per un reato punito con la pena capitale. Nello Stato i condannati rimanevano a lungo nel cosiddetto braccio della morte fino al 6/8 anni, e ciò era stato considerato da più parti un trattamento inumano e degradante, contrario all'art. 3. La Corte prese atto delle diverse convenzioni internazionali in materia ma affermò che queste ultime non potevano escludere l'applicabilità dell'art. 3 della Convenzione europea le cui norme devono essere applicate in maniera da rendere concrete ed effettive le garanzie nella stessa previste[18].

Uno Stato che estrada o in altra maniera invia una persona nel suo paese nel quale rischia di essere sottoposto a tortura o a trattamenti inumani e degradanti si rende corresponsabile di tale rischio. È ovvio, infatti, che il semplice rifiuto dello Stato di consegnare una persona consentirebbe, invece, la piena applicazione del divieto di cui all'art. 3. Per questo, sostiene la Corte, lo Stato europeo parte contraente della Convenzione è responsabile, a termini dell'art. 3, per l'estradizione o la consegna

---

[18] Cfr. la sentenza del 7 luglio 1989, p.26 par.86

dell'individuo verso un paese, ancorché estraneo alla Convenzione, nel quale l'individuo stesso possa subire tortura, trattamenti inumani o degradanti[19].

Un successivo caso esaminato dalla Corte fu quello *Cruz Varas* contro la Svezia nel quale si trattava specificamente del rifiuto di una richiesta di asilo. La Corte, applicando gli stessi principi, ha sostenuto che la responsabilità dello Stato sussiste non soltanto nel caso della estradizione ma anche quando l'individuo viene consegnato al paese a seguito di un rifiuto della domanda di asilo[20]. Qualche anno dopo la Gran Bretagna ha cercato di proporre argomenti contrari per escludere la responsabilità dello Stato [21], ma la Corte ha confermato la precedente giurisprudenza che è ormai giurisprudenza consolidata dell'art. 3 della Convenzione[22].

In relazione alla Convenzione di Ginevra del 1951, l'applicazione dell'art. 3 della Convenzione europea ha una portata più ampia; perché si applichi la prima normativa è necessario che l'individuo si trovi fuori dal paese della propria nazionalità o residenza abituale; tale esigenza non

---

[19] Sentenza *Soering* cit. p.27 par.91
[20] Sentenza del 20 marzo 1991 p.22, par. 70
[21] Osservazioni della Gran Bretagna nel caso *Chalal* , Ricorso 22414/93, Rapporto del 27 giugno 1995
[22] Si veda inoltre la sentenza del 30 ottobre 1991 *Vilvarajah* contro Gran Bretagna, p.32 par.103

sussiste invece nella Convenzione europea nel cui contesto la Commissione ha ritenuto che la norma trova applicazione anche nei casi nei quali i figli di cittadini britannici vengono allontanati dal Regno Unito a causa dell'espulsione del genitore che ne ha la custodia.[23] La norma europea pertanto si applica tanto al processo di estradizione quanto a qualsiasi altra ipotesi di allontanamento dei richiedenti asilo respinti o di coloro ai quali era stata concessa protezione umanitaria ed in ogni caso nel quale possa esserci pericolo reale di esposizione a maltrattamenti, pene inumane o degradanti, quali che siano le ragioni all'origine di tale maltrattamento[24].

Un altro aspetto esaminato dalla Corte riguarda i potenziali autori dei maltrattamenti in questione. Considerando che la Convenzione delle Nazioni Unite contro la tortura prevede espressamente che il maltrattamento debba essere imputabile agli agenti dello Stato, in alcuni casi proposti contro la Germania e contro la Svizzera

---

[23] Cfr, il caso *Fadele* contro la Gran Bretagna Ricorso 13078/87.

[24] Ad esempio nel caso *HLR* contro la Francia l'allontanamento riguardava un trafficante di stupefacenti che aveva fornito prove necessarie per la condanna di numerosi altri membri. Il ricorrente, rimpatriato in Colombia, temeva la vendetta da parte dei membri del cartello. In tal caso la Corte ritenne che le ragioni all'origine del maltrattamento non avevano alcuna rilevanza (sentenza del 29 aprile 1997). Analogamente per il caso *D* contro la Gran Bretagna che riguardava l'espulsione di un malato terminale di AIDS verso il paese d'origine.

venne sostenuta la non applicabilità della norma perché il rischio non dipendeva direttamente dagli agenti dello Stato.[25] la Corte ha sempre respinto queste argomentazioni ritenendo applicabile in tutti i casi l'art.3 e di conseguenza, la responsabilità dello Stato parte contraente della Convenzione.

c)   Il rinvio verso un Paese "sicuro".

Da quanto richiamato emerge chiaramente che lo scopo principale delle due normative non è quello di attribuire il diritto di asilo ma solo una protezione dal *non refoulement* verso un paese nel quale sussistano pericolo di morte o di maltrattamenti. Ne consegue, pertanto, che non esiste alcun divieto nei confronti del rientro di un rifugiato o richiedente asilo in un paese che possa considerarsi sicuro e ciò anche a prescindere dalla volontà della persona[26]. La normativa internazionale richiamata non contiene alcuna indicazione né alcun criterio specifico per individuare i paesi cosiddetti "sicuri"; in alcuni casi sono stati applicati   criteri geografici in altri temporali ma si tratta in ogni caso di criteri molto diversificati sebbene sia ormai attuale una diffusa tendenza a rendere tali criteri più restrittivi.

---

[25] Si veda il caso *T.I.* contro la Germania, Ricorso 43844/98 del 7 marzo 2000; il caso *Tatete*, Ricorso 41874/98 del 24 giugno 1998 .
[26] Cfr. Ad esempio il caso *Rosenberg*, discusso della Corte suprema degli Stati Uniti (n.49 del 1970) ed ancora il caso *Hurt* discusso della Corte federale di appello del Canada (C.F. 340 del 1978)

Nel contesto europeo, ad esempio, le Convenzioni Dublino e di Schengen del giugno 1990 hanno avuto lo scopo, tra l'altro, di identificare il paese firmatario responsabile dell'esame del merito della domanda e quindi dell'applicazione del concetto di paese terzo sicuro. A seguito di tali Convenzioni una serie di accordi bilaterali sono stati conclusi per rimandare le persone non già nel paese nel quale temevano persecuzione bensì in altri Stati, spesso ignorando, però, se poi questo altro Stato avrebbe potuto espellerli a sua volta verso un paese a rischio di persecuzione.[27] Nello stesso contesto sono state esaminate anche le problematiche dei continui rinvii che hanno determinato il fenomeno dei cosiddetti "rifugiati in orbita". La Corte europea si è occupata del problema nel caso *Amuur* contro la Francia nel cui ambito i richiedenti di nazionalità somala erano stati inviati in Siria dove non erano a rischio e comunque non vi era alcuna prova dell'ipotesi di un rimpatrio in Somalia da parte della Siria.[28] Nel ricorso *T.I.* contro la Gran Bretagna la Corte ha chiarito che la Convenzione proibisce anche l'espulsione verso Stati che non offrono necessarie garanzie di proteggere l'individuo dalle espulsione verso altre situazioni di rischio[29]. Tale

---

[27] Cfr. Al riguardo H.LAMBERT, *Seeking Asylum : Comparative Law and Practice in Selected European Countries*, Dordrecht 1995, p.95

[28] Cfr. Sentenza del 10 giugno 1996.

[29] Ricorso 43844/98, decisione di ricevibilità del 7 marzo 2000

principio, come si vedrà, è di fondamentale importanza per i cosiddetti accordi di "riammissione" conclusi, o in fase di conclusione, allo scopo di consentire il rientro dei richiedenti asilo che si trovino in condizione di espulsione.

Nella giurisprudenza della Corte europea la preoccupazione maggiore consiste nell'appurare se esiste un rischio di esposizione a maltrattamenti nello Stato di proposta destinazione dell'individuo ovvero anche attraverso il respingimento a catena in qualunque altro Stato, e di conseguenza se vi è stata una violazione del divieto di sottoporre l'individuo a tale rischio.

A seguito del Regolamento Dublino II del settembre 2003 gli Stati membri dell'Unione Europea sono stati considerati, per definizione, paesi sicuri nei confronti dei cittadini dei paesi terzi. Il Regolamento indica, altresì, una serie di criteri che contribuiscono alla individuazione dello Stato sicuro.

2. L'applicazione extraterritoriale della regola: l'alto mare.

Il respingimento è un fenomeno che interessa le frontiere di uno Stato il che comporta la possibilità che questo avvenga sia sulla terraferma sia sul mare. Respingimenti via mare di individui migranti per motivi di vario genere sono stati eseguiti da parte di Stati nel corso degli anni e ciò sia nelle acque territoriali dello Stato ovvero più recentemente anche in alto mare. Nel maggio 2009 il Governo italiano, in cooperazione con il Governo della Libia, ha iniziato la cosiddetta politica di respingimento intercettando in alto mare e respingendole verso la Libia persone clandestinamente imbarcate. Questa politica è stata una svolta rispetto alla precedente pratica in base alle quali le Forze italiane intercettavano e sbarcavano queste persone a Lampedusa o in Sicilia.

Secondo le autorità italiane dal 6 maggio al 6 novembre 2009 sono state condotte nove operazioni di respingimento inviando un totale di 839 persone in Libia. La maggior parte delle operazioni di respingimento è avvenuta nello stretto di Sicilia nell'area di responsabilità di Malta per la ricerca e il salvataggio. E'implicito che tale politica, scientemente attuata, tende a limitare lo sbarco dei clandestini nelle coste italiane e ad ostacolare, più in generale, l'immigrazione illegale. Molto spesso si tratta di imbarcazioni fatiscenti che creano una situazione di indubbio pericolo per le persone imbarcate le quali, com'è noto, sono ormai oggetto di un traffico illegale da parte di vere e proprie organizzazioni criminali che, per l'unico interesse del profitto, utilizzano imbarcazioni in pessime condizioni, proprio perché debbono affrontare il rischio della perdita delle medesime, e sovraccaricano le stesse, noncuranti di ogni elementare norma di sicurezza. A prescindere quindi dagli aspetti del *"refoulement"* di cui si è detto, non può ignorarsi che nelle accennate condizioni si pone altresì una primaria esigenza di prestare soccorso alle persone così trasportate e costantemente esposte al rischio di naufragio.

Secondo il diritto internazionale del mare ogni Stato ha diritto di far navigare le navi che battono la propria bandiera ma a tale diritto si accompagna l'obbligo di garantire la sicurezza in mare e ciò con riferimento ai criteri di costruzione della nave, all'equipaggiamento, alle condizioni di navigabilità, alle condizioni di lavoro ed alla formazione dell'equipaggio, nonché una serie di altre misure che attengono alla sicurezza della navigazione marittima. Fra le tante convenzioni adottate al riguardo si citano la Convenzione sulla linea di massimo carico (Londra 1966), la Convenzione per la prevenzione delle collisioni in mare (Londra 1972), la Convenzione per la sicurezza della vita umana in mare (Londra 1974), la Convenzione sui criteri di addestramento, abilitazione e tenuta della guardia per i marittimi (Londra 1978), la Convenzione sul salvataggio delle vite umane in mare (Londra 1989).

A prescindere dagli eventi che possono verificarsi nelle acque territoriali dello Stato, e per le quali la competenza e la responsabilità delle autorità di quest'ultimo sono di piena evidenza, è implicito che episodi predetti possano svolgersi anche in alto mare e direi anche più frequentemente in questo spazio quando si tratta del traffico di immigrazione clandestina che muove dalle coste dell'Africa per raggiungere le coste europee e quelle dell'Italia in particolare.

Nello spazio marittimo definito alto mare, com'è noto, ogni Stato esercita la propria giurisdizione sulle imbarcazioni battenti la propria bandiera mentre, per quanto riguarda gli aspetti connessi con la navigazione marittima, questi sono disciplinati dalla vigente Convenzione di Montego Bay ispirata ancora una volta al principio della libertà dei mari. Si tratta, pertanto, di norme che attengono, come ho detto, anzitutto al settore della sicurezza della navigazione e specificamente a quello del salvataggio delle vite umane. Nell'ambito territoriale così delimitato è ovvio pertanto che le convenzioni prima citate in materia di rifugiati, di diritti umani e altro, adottate in ambito internazionale ovvero anche regionale, non possono direttamente trovare applicazione; è noto però che seguendo un criterio interpretativo ispirato alla effettività e concretezza dei diritti dalle stesse Convenzioni garantiti, gli organi preposti alla loro attuazione, e mi riferisco in particolare alla Corte europea, hanno individuato non pochi casi di applicazione extra territoriale della normativa in oggetto, utilizzando al riguardo una interpretazione, a volte anche estensiva, del concetto "persone sottoposte alla giurisdizione dello Stato". Non si tratta, infatti, di riconoscere che la Convenzione possa trovare direttamente applicazione fuori dal territorio nazionale dello Stato contraente ma soltanto di individuare quel nesso di responsabilità che vincola lo Stato alla persona anche per fatti che accadono fuori dal territorio. In questo senso si è ormai formata una costante giurisprudenza della Corte europea dei diritti dell'uomo che ha affermato, fra l'altro, " *che uno Stato può essere considerato responsabile di violazione dei diritti e delle libertà contenute nella Convenzione di persone che si trovano nel territorio di un altro Stato ma che si trovano sotto l'autorità e il controllo del primo Stato attraverso l'azione di suoi agenti, sia essa legale o illegale nel secondo Stato. In tale situazione la responsabilità deriva dal fatto che l'art. 1 della Convenzione non può essere interpretato in modo da consentire a uno Stato parte di perpetrare violazioni della Convenzione sul territorio di un altro Stato che invece non potrebbe perpetrare nel proprio territorio*"[30].

Anche la Commissione interamericana dei diritti umani, nella sua decisione *Coard* e altri contro Stati Uniti, ha sostenuto che "*mentre l'applicazione extra territoriale della Dichiarazione americana non è stata messa in discussione dalle Parti, la Commissione ritiene pertinente notare come, in determinate circostanze,*

---

[30] *Issa* e altri contro Turchia Ricorso 3821/96 Sentenza del 16 novembre 2004, par.71

l'esercizio della sua giurisdizione su atti con locus extraterritoriale non soltanto sono coerenti con le norme cui si riferiscono, ma sono anche richiesti da esse"[31].

Il ragionamento adottato per interpretare i trattati in materia di diritti umani può essere utilizzato anche con riferimento al divieto del *refoulement* in base al diritto internazionale dei rifugiati, data la natura similare degli obblighi, dell'oggetto e dello scopo dei trattati che ne costituiscono la base giuridica. Pertanto, una interpretazione che restringesse l'ambito di applicazione dell'art. 33 della Convenzione a comportamenti che si verifichino unicamente all'interno del territorio dello Stato Parte, sarebbe contraria ai termini della Convenzione stessa come pure all'oggetto ed allo scopo del trattato e sarebbe anche incoerente con le altre norme di diritto internazionale dei diritti umani. Lo stesso Alto Commissariato delle Nazioni Unite per i Rifugiati in un suo recente parere[32], ha affermato che uno Stato è vincolato dal suo obbligo derivante dall'art. 33 par. 1 della Convenzione del 1951 di non inviare rifugiati verso un rischio di persecuzione ovunque esso eserciti la propria effettiva giurisdizione. Così come

---

[31] *Coard* e altri contro Stati Uniti, caso 10951, Rapporto n.109/99 del 29 settembre 1999 par. 37

[32] UNHCR, parere consultivo sull'applicazione extra territoriale degli obblighi di non *refoulement* derivanti dalla Convenzione relativa allo *status* dei rifugiati del 1951 ed al suo Protocollo del 1967; Ginevra 26 maggio 2007.

per gli obblighi di non *refoulement* in base al diritto internazionale dei diritti umani il criterio decisivo non è se tali persone si trovino all'interno dello Stato quanto piuttosto se esse si trovino sotto l'effettivo controllo e autorità di quello Stato.

Anche il Comitato dei diritti umani delle Nazioni Unite nel suo Commento generale n. 31 ha affermato che " *agli Stati è richiesto dall'art. 2 par.1 di rispettare e garantire i diritti del Patto e tutte le persone che potrebbero trovarsi all'interno del loro territorio ed a tutte le persone soggette alla loro giurisdizione. Ciò significa che lo Stato parte deve rispettare ed assicurare i diritti stabiliti nel Patto a chiunque si trovi sotto il potere di effettivo controllo da parte dello Stato parte, anche se non situato all'interno del territorio dello Stato stesso"*[33]. Il Commentario generale ribadisce una coerente giurisprudenza dello stesso Comitato ed il risultato che *"gli Stati possono essere ritenuti responsabili per violazione dei diritti contenuti del Patto che i suoi agenti commettono sul territorio di un altro Stato, sia con il consenso del Governo di quello Stato, sia in opposizione di esso"*[34], e che in determinate circostanze *"le persone*

---

[33] Commentario generale n. 31 nota 41 par. 10
[34] Cfr. le decisioni del Comitato dei diritti umani in *Lopez Burgos* contro Uruguay, UN.Doc. CCPR/C/13/D/52/1979 del 29 luglio 1981, par. 12.3; il Comitato ha inoltre sostenuto che *"sarebbe eccessivo interpretare in questo modo la responsabilità derivante dall'art. 2 del Patto in modo da consentire allo Stato di commettere violazioni sul territorio di un altro Stato, violazioni che non potrebbe verificarsi sul proprio territorio"*. Cfr. Anche la decisione del

possono rientrare nella competenza dello Stato parte del Patto anche quando si trovano fuori dal territorio di quello Stato"[35].

La Corte Internazionale di Giustizia ha confermato che il Patto è applicabile nei confronti di atti compiuti da uno Stato nell'esercizio della sua giurisdizione fuori del suo territorio; la Corte ha aggiunto che *"se è vero che la giurisdizione degli Stati è primariamente territoriale, essa può talvolta essere esercitata fuori del territorio nazionale. Considerando l'oggetto e lo scopo del Patto internazionale sui diritti civili e politici sembrerebbe naturale che, anche in questo caso, gli Stati parti dovrebbe essere vincolati a rispettare le sue disposizioni".* [36]

Comitato sul caso *Pereira Montero* contro Uruguay, UN.Doc. CCPR/C/18/D/106/1981, del 31 marzo 1983 par.5.

[35] Il Comitato,ad esempio, ha riaffermato l'applicabilità delle disposizioni del Patto con riferimento al comportamento degli Stati Uniti a Guantanamo Bay; cfr, *Observations of the Human Rights Committee,* USA, nota 47 par.10; Inoltre *Concluding Observations of the Human Rights Committee,* Israel UN Doc. CCPR/C/79/Add.93 del 18 agosto 1998 par.10 e UN.Doc. CCPR/CO/78/ISR del 21 agosto 2003 par.111

[36] Cfr. Il parere consultivo della Corte Internazionale di Giustizia in *"Legal Consequences of the Construction of a Wall* in *the Occupied PalestinianTerritory",* ICJ, Gen.List n.131, 9 luglio 2004, par. 111. Si veda anche la più recente sentenza della stessa corte in *"Case Concerning Armed Activities on the Territory of the Congo (DRC v. Uganda)"* ICJ, Gen.List n. 116 19 dicembre 2005 par.216

a)   Il caso "Hirsi" ed altri contro l'Italia

Il 6 maggio 2009, tre imbarcazioni cariche di oltre 200 persone hanno lasciato la Libia allo scopo di raggiungere le coste italiane nell'ambito degli episodi di immigrazione. Quando le predette imbarcazioni si trovavano a circa 35 miglia a sud di Lampedusa, all'interno della zona di ricerca di competenza di Malta, furono avvicinate da unità della Guardia di Finanza e della Guardia Costiera italiana. Le autorità italiane, dopo aver bloccato i natanti in pericolo, hanno trasferito le persone stipate a bordo delle imbarcazioni italiane e li hanno riaccompagnate nel porto di Tripoli consegnandole alle autorità libiche. Ciò avveniva a seguito dell'entrata in vigore, il 4 febbraio 2009, degli accordi bilaterali conclusi con la Libia che rappresentavano una svolta importante nella lotta contro l'immigrazione clandestina. [37] Poco dopo l'Alto Commissariato per i Rifugiati delle Nazioni

---

[37] Il Trattato fra l'Italia e la Libia di amicizia, partenariato e cooperazione firmato a Bengasi il 30 agosto 2008 non contiene specifiche disposizioni circa la riammissione in Libia di emigranti intercettati in alto mare e partiti dalle coste libiche. L'articolo 19 si limita a prevedere da una parte l'applicazione dei precedenti accordi del 2000 e del 2007, dall'altra l'istituzione di un sistema di pattugliamento con equipaggi misti e con motovedette messe a disposizione dall'Italia. In numerose circostanze la Libia ha riammesso sul proprio territorio emigranti intercettati dalle autorità italiane in alto mare. Cfr. S.TREVISANUT, *Immigrazione clandestina via mare e cooperazione tra Italia e Libia dal punto di vista del diritto del mare,* in *Diritti umani e diritto internazionale* 2009, p.609

Unite ha emesso un comunicato stampa nel quale esprimeva la viva preoccupazione " *per le 230 persone soccorse in mare da motovedette italiane di pattugliamento marittimo nella regione di ricerca e salvataggio di competenza maltese. Tutte queste persone sono state rinviate in Libia senza una valutazione appropriata di eventuali bisogni di protezione. Il rinvio in Libia è avvenuto in seguito ad una giornata di discussione tra le autorità maltesi ed italiane in merito all'attribuzione della responsabilità del salvataggio e dello sbarco delle persone che si trovavano a bordo delle tre imbarcazioni. Sebbene si trovassero più vicine a Lampedusa le imbarcazioni italiane navigavano infatti nella zona di ricerca e salvataggio di competenza maltese*"[38].

Qualche mese dopo il Comitato per la prevenzione della tortura, delle pene e trattamenti inumani o degradanti del Consiglio d'Europa ha effettuato una visita in Italia (27- 31 luglio 2009). Il rapporto pubblicato il 28 aprile 2010, dopo aver analizzato le singole operazioni di respingimento messe in atto dalle autorità italiane nel corso dell'estate del 2009, conclude denunciando il rischio reale che le persone detenute in Libia, inclusi i migranti possano essere soggette a severi

---

[38] Comunicato stampa del 7 maggio 2009. Le autorità maltesi, pur riconoscendo la competenza nella zona di riferimento, hanno rifiutato di accogliere l'alto numero di persone per ragioni di insufficienza logistica.

maltrattamenti e/o inviate in paesi dove corrono il rischio di tali maltrattamenti. Il Comitato invita pertanto le autorità italiane a rivedere la pratica di intercettazione di migranti in modo di assicurarsi che le persone sotto giurisdizione italiana -incluse le persone intercettate in mare oltre le acque territoriali italiane dalle imbarcazioni italiane - ricevano le cure mediche o umanitarie necessarie richieste dalle loro condizioni ed abbiano un accesso effettivo a procedure e garanzie in grado di garantire il rispetto del principio del *non refoulement*. Nel frattempo diverse organizzazioni non governative ed in particolare *Human Rights Watch*, avevano preso posizione contro il comportamento delle autorità italiane, denunciando il rischio di maltrattamenti che le persone rinviate in Libia avrebbero subito in quello Stato. Anche *Amnesty International* si è occupata del problema ed ha effettuato una visita nel centro di detenzione di Misratah, in prossimità di Tripoli. Nel marzo 2010 il caso è stato denunciato dall'Alto Commissario delle Nazioni Unite per i Rifugiati e descritto quale *"caso Hirsi ed altri contro Italia"*. Un ricorso veniva altresì proposto alla Corte europea dei diritti dell'uomo ed iscritto al numero 27765/09, quale *"caso Sabir Jamaa Hirsi e altri contro Italia"*, denunciando la violazione dell'art.3 della Convenzione in ordine all'accompagnamento in Libia ed al rischio di torture e maltrattamenti in quello Stato, la violazione dell'art. 4 del quarto Protocollo in ordine all'espulsione collettiva priva di base legale, e la violazione dell'art. 13 per l'impossibilità di contestare davanti alle autorità italiane il loro rinvio in Libia e il rischio di rimpatrio successivo nel loro paese di origine (in maggioranza Somalia ed Eritrea).

b)   *L'orientamento della Corte europea dei diritti dell'uomo*

La giurisprudenza della Corte europea dei diritti dell'uomo in tema di applicazione extraterritoriale della Convenzione è già nota. Oltre ai casi già ricordati si può richiamare la sentenza del 26 giugno 1992 sul caso *"Drozd e Janousek"* contro Francia e Spagna (ricorso12747/87); la sentenza del 18 dicembre 1996 sul caso *"Loizidou contro Turchia"* (ricorso15318/89); la decisione di irricevibilità del 19 dicembre 2001 sul caso *"Bankovic e altri contro Belgio ed altri 16 Stati contraenti"* (ricorso 52207/99). In tutti questi casi la Corte europea si è occupata di accertare la giurisdizione dello Stato per fatti avvenuti fuori dal territorio di quest'ultimo, ma sempre sulla terraferma di altro paese. Nei casi *Bendreus* contro Svezia [39], *Rigapoulos* contro Spagna[40], *Xhavara* contro Italia[41] e *Medvedyev* contro Francia[42],

---

[39] Ricorso n.31653/96, decisione di irricevibilità dell'8 settembre 1997
[40] Ricorso n.37388/97, decisione del 12. Gennaio 1999
[41] Ricorso n.39473/98 decisione di irricevibilità dell'11 gennaio 2001. In tal caso si trattava dell'affondamento della nave albanese *Kater I Rades* a seguito della collisione con la nave militare *Sibilla* avvenuto in acque internazionali il 28 marzo 1997. La Corte ritenne che la nave albanese fosse sotto la "giurisdizione" italiana avendo imputato il naufragio all'Italia. Cfr. E.LAGRANGE, *L'application de la*

come in altri, gli organi di Strasburgo si sono trovati a valutare la configurabilità della giurisdizione di uno Stato su navi battenti bandiera di un altro Stato in acque internazionali. In molti casi, peraltro, siffatto esercizio della giurisdizione da parte di uno Stato diverso da quello della bandiera trovava giustificazione, come rilevato in dottrina [43], in precedenti accordi internazionali stipulati tra i paesi in oggetto. Analogamente negli altri casi, ambedue occasionati dalla lotta al traffico di sostanze stupefacenti, la Corte riconosceva l'illegittimità della detenzione dell'equipaggio della nave intercettata, perché contraria all'art.5 della Convezione europea. La Corte ribadisce che, ancorché vi siano altre norme di accordi internazionali che legittimano

---

Convention de Rome à des actes accomplis par les Etats Parties en dehors du territoire naturel, in *Révue générale de droit International public* 2008, p.544; T.SCOVAZZI, *La tutela della vita umana in mare con particolare riferimento agli immigrati clandestini diretti verso l'Italia,* in Rivista *di diritto internazionale* 2005, p.112;
A.TERRASI, *I respingimenti in mare alla luce della Convenzione europea dei diritti dell'uomo,* in *Diritti umani e diritto internazionale* 2009, n.3
[42] Ricorso n. 3394/03, sentenza del 10 luglio 2008
[43] Cfr. P DE SENA, *La nozione di giurisdizione statale nei trattati sui diritti dell'uomo,* Torino 2002. p. 228. Sia nel caso *Bendreus* e nel caso *Xhavara,* le violazioni oggetto di ricorso, pur essendosi consumate in acque internazionali in relazione a navi non battenti la bandiera degli Stati convenuti, costituivano in realtà il frutto di poteri da essi stabilmente esercitabili su dette navi sul presupposto di accordi conclusi in precedenza con Stati della bandiera.
Analogamente nei casi *Rigapoulos* e *Medevdyev,* si faceva riferimento all'art.108 della Convenzione di Montego Bay ed all'art.17 par.3 della Convenzione di Vienna del 1998 contro il traffico di sostanze stupefacenti.

l'intervento dello Stato e l'intercettazione della nave straniera, tali norme non possono giustificare il successivo comportamento dello Stato[44].

In applicazione di tale giurisprudenza la sussistenza della giurisdizione italiana nei confronti dei migranti respinti verso le coste libiche non pare contestabile nel caso di specie, ove si consideri anche un aspetto rigorosamente formale : gli individui soccorsi in mare sono state trasferiti sulle motovedette italiane e da queste condotte in Libia. E' noto al riguardo che ai sensi del diritto internazionale marittimo ed in particolare dell'art. 92 par.1 della Convenzione di Montego Bay " *Le navi navigano sotto la bandiera di un solo Stato e, salvo casi eccezionali espressamente previsti da trattati internazionali o dalle regole della presente Convenzione, in alto mare sono sottoposte alla sua giurisdizione esclusiva*". Anche l'art. 4 del Codice della navigazione italiana prevede che " *le navi in alto mare degli aeromobili italiani in luogo o spazio non soggetto alla sovranità di alcun Stato sono considerati come territorio italiano*". Peraltro, ove anche le unità italiane si fossero limitate ad imporre ai natanti con a bordo i clandestini di dirigersi verso un porto libico, accompagnandole, la conclusione non sarebbe stata diversa giacché il comportamento dei

---

[44] Cfr. P.TAVERNIER, *La mer et son droit, Mélanges offerts à Laurent Lucchini et Jean Pierre Quéneudec*, Paris 2003, p.575

122

predetti natanti sarebbe stato determinato dalle autorità italiane.

Fermi restando quindi gli obblighi dello Stato italiano in ordine alla Convenzione europea dei diritti dell'uomo ed alla Convenzione sui rifugiati delle Nazioni Unite del 1951, rimane da valutare se non vi siano altre considerazioni determinate da normative internazionali ugualmente applicabili al caso di specie che possano giustificare il comportamento delle autorità italiane e limitare o escludere di conseguenza la responsabilità internazionale dello Stato

3. Gli accordi di riammissione, utilissimi in teoria, vietati in pratica.

E' noto che il fenomeno della immigrazione clandestina in particolare verso le coste italiane ha una storia recente, seppure ricca di episodi. A seguito della situazione interna nella Repubblica dell'ex Jugoslavia ed in Albania numerosissimi sono stati gli sbarchi di clandestini verso le coste dell'Adriatico. Successivamente il traffico illecito di immigrati provenienti dalle coste del Nord Africa si è ulteriormente intensificato ed ha raggiunto punte preoccupanti per la sicurezza dello Stato. È ovvio che in tali circostanze gli Stati maggiormente interessati, e mi riferisco in particolare all'Italia, alla Spagna ed a Malta, fra gli altri, hanno adottato tutte le misure possibili sia nei confronti delle persone che comunque sono riuscite a sbarcare sul territorio dello Stato, e che rappresentano per certo la maggioranza numerica, sia per contrastare e limitare il trasporto illegale, bloccandolo prima dell'arrivo a destinazione. In questo contesto vanno ricordate le misure adottate dall'Unione Europea giacché, come è noto, le frontiere marittime dei paesi richiamati (Italia, Spagna e Malta) costituiscono altrettante frontiere esterne dell'Unione Europea. E' noto che in tale contesto l'Unione Europea ha istituito l'Agenzia europea per la gestione della cooperazione operativa delle frontiere esterne, FRONTEX[45]; vanno ricordate altresì le misure bilateralmente assunte al riguardo, ed in particolare quindi, gli accordi di ammissione *in itinere* o conclusi con la Tunisia, il Marocco e beninteso la Libia.

Com'è noto, infatti, tali imbarcazioni, ormai gestite da una criminalità organizzata, muovono, nella maggior parte dei casi, dalle più vicine coste dei paesi del Nord Africa, Marocco, Tunisia e Libia ed in qualche caso anche da Egitto e Turchia. E' ovvio, pertanto, che gli accordi, cosiddetti di riammissione, possono essere negoziati e conclusi soltanto con quegli Stati dal cui territorio si presume siano partite le imbarcazioni. È da escludere, infatti, che per altri paesi, non coinvolti nel fenomeno in

---

[45] Cfr, S.TREVISANUT, *L'Europa e l'immigrazione clandestina via mare*, in *Diritto dell'Unione Europea*, 2008, p.367

questione, possa parlarsi di accordi di riammissione in quanto mancherebbero gli stessi presupposti fattuali. In tali condizioni i paesi europei interessati, e mi riferisco in particolare all'Italia, sono obbligati ad individuare nei predetti paesi nordafricani gli Stati con i quali concludere accordi di riammissione. È bensì vero che il riferimento al diritto dei rifugiati ed indirettamente alla giurisprudenza della Corte europea hanno sviluppato il concetto di Stato terzo sicuro allo scopo di individuare gli Stati verso i quali la persona può essere inviata senza che ciò costituisca una violazione del principio del *non refoulement*, e senza che ciò coinvolga la responsabilità dello Stato Parte contraente della Convenzione europea per la pretesa violazione dell'art.3. Si dà il caso, tuttavia, che la Corte europea dei diritti dell'uomo nei confronti di uno dei tre paesi nordafricani enunciati, per altro quello a minor rischio, si sia già espressa considerandolo paese nel quale sussiste il rischio di tortura, maltrattamenti e pene inumane o degradanti e quindi, più in generale, la violazione dell'art. 3. La Corte si è occupata del problema specificamente nei confronti dell'Italia con il ben noto caso *"Saadi"*, nel quale la Grande Camera ha confermato che la Tunisia non costituisce un paese sicuro e che pertanto nella eventualità della consegna del ricorrente in quel paese l'Italia avrebbe violato l'art. 3 della Convenzione. *"...dans l'eventualité de la mise en exécution de la décision d'expulsion du requerant vers la Tunisie, il y aurait violation de l'art. 3 de la*

Convention "[46]. La stessa tesi è stata successivamente assunta in diverse sentenze delle Camere.[47] La stranezza, e direi anche l'illegittimità delle sentenze riferimento, ripetitive nelle loro conclusioni, risiede nella circostanza che contrariamente alla prassi pluriennale consistente nell'esaminare casi concreti e non ipotesi, nei casi in riferimento, pur non essendovi stata alcuna consegna, estradizione o esclusione, la Corte avverte l'Italia che, ove questa si dovesse verificare, si andrebbe incontro alla violazione dell'art. 3. La Corte non compie alcuna indagine specifica nei confronti del ricorrente per valutare se nel singolo caso concreto sussista il rischio di pene o trattamenti inumani e degradanti, come sarebbe stato necessario per valutare la situazione in concreto, ma giunge all'apodittica conclusione che la Tunisia non è un paese sicuro e che pertanto il rischio sussisterebbe in ogni caso.

Siffatta conclusione è ancora più illogica nei confronti di quei ricorrenti, eventualmente espulsi, e che, a detta delle stesse autorità tunisine non erano oggetto di alcun provvedimento giudiziario e quindi, una volta rientrati in patria sarebbero stati trattati alla stregua di qualsiasi altro cittadino

---

[46] Sentenza del 28.2.2008 sul Ricorso 37201/06
[47] Sentenza del 29.3.2009 sul Ricorso 37336/05, *Soltana c. Italia*; Sentenza del 24.3.09 sul Ricorso 38128/06, *Ben Salah* c. Italia, ed in pari data sul Ricorso 2638/07; *Abdelhedi c. Italia*, Sentenza del 5.5.2009 sul Ricorso 12584/08, *Sellem c. Italia*.

tunisino, godendo di tutti i diritti garantiti dalla Costituzione tunisina.

Facendo seguito a tale interpretazione gli Stati europei non dovrebbero inviare persone, anche se occasionalmente sottoposte alla loro giurisdizione, verso alcuno dei predetti Paesi per il pericolo della violazione dell'art.3 e di conseguenza per gli Stati europei, e nel caso di specie l'Italia, non avrebbe alcun senso concludere accordi di riammissione con i predetti Stati. L'applicazione di siffatti sillogismi porterebbe a concludere che nonostante gli Stati del Nord Africa siano i soli con i quali è possibile concludere detti accordi, dal momento che i natanti illegali partono dalle loro coste, tali intese non avrebbero alcun senso dal momento che gli Stati europei, per rispettare l'art.3 della Convenzione, non potrebbero mai dar seguito agli accordi stessi restituendo ai paesi di provenienza le persone che visibilmente cercano di entrare illegalmente nel territorio dello Stato. Anche gli accordi di riammissione, pertanto, che rappresentano un'efficace mezzo di contrasto all'illecito traffico, come dimostrano le statistiche recenti, rischiano di essere vanificati del tutto se, come si è accennato, i predetti paesi non possono essere considerati paesi "sicuri" verso i quali trasferire i potenziali emigranti.

4.   Esigenze dello Stato e tutela dei diritti umani.

a) L'intervento in alto mare: legittimità e stato di necessità

La legittimità dell'intervento in alto mare nei confronti di tali imbarcazioni è ampiamente giustificata dal diritto internazionale del mare giacché si tratta di natanti privi di nazionalità e che navigano in condizioni di estrema pericolosità, in aperta violazione della normativa vigente. Nel caso di specie, poi, trattandosi di imbarcazioni sovraccariche di potenziali immigrati clandestini alla legittimità derivante dall'argomento di cui sopra si aggiunge anche un obbligo di intervento[48]. Le condizione di carico e di navigabilità di queste imbarcazioni hanno da sempre costituito un grave pericolo per la vita delle persone così imbarcate come dimostra l'alto numero di naufragi registrato. In queste condizioni qualsiasi natante dovesse intercettare l'imbarcazione suddetta ha l'obbligo di intervenire a termini della Convenzione di Londra sul salvataggio delle vite umane in mare sia nei casi eclatanti nei quali è evidente, o addirittura in atto, il naufragio, sia nei casi nei quali il rischio di naufragio stesso è di piena evidenza. E se nella

---

[48] Anche il Protocollo contro la tratta di migranti del 15 novembre 2000 autorizza, all'art.8, di intercettare e di inseguire una imbarcazione che è priva di nazionalità, qualora ci siano motivi ragionevoli per sospettare che l'imbarcazione è coinvolta nel traffico di migranti via mare.

prima ipotesi siamo di fronte ad una facoltà attribuita allo Stato della bandiera del natante e quindi la facoltà stessa potrebbe essere esercitata o meno, nel secondo caso siamo di fronte ad un preciso obbligo al quale lo Stato della bandiera, e per esso il natante che ha intercettato l'imbarcazione in difficoltà, non può sottrarsi, sia per evidenti ragioni di umanità -salvataggio di vite umane- sia per la conseguente violazione di un obbligo internazionale.

Si tratta, pertanto, di una situazione che facilmente evoca la condizione dello " stato di necessità". Il natante che incrocia l'imbarcazione in difficoltà si trova nella necessità di intervenire; e ciò riguarda qualsiasi natante che batte bandiera di uno Stato che indirettamente determina la responsabilità dello Stato stesso e, a maggior ragione, quando si dovesse trattare di natanti appartenenti direttamente allo Stato, quali appunto, le motovedette della Guardia di Finanza, della Guardia costiera o della Marina militare, le cui azioni sono direttamente riconducibili allo Stato stesso in quanto poste in opera da propri " agenti".

In termini di principi generali del diritto è noto che lo stato di necessità può essere invocato quale esclusione della responsabilità nel caso in cui siano presenti le condizioni e la previsione normativa. Ora, sia con riferimento al principio del *non refoulement*, più volte evocato, sia in relazione agli obblighi derivanti dall'art. 3 della Convenzione europea dei diritti dell'uomo, lo stato di necessità non può essere invocato come escludente la responsabilità dello Stato perché nel primo caso – *non refoulement*- le ipotesi che legittimerebbero l'esclusione della norma sono esplicitamente richiamate e non ne sono ammesse altre, mentre nel secondo caso gli obblighi dell'art. 3 della Convenzione europea, per l'esplicito riferimento contenuto all'art.15 della Convenzione stessa, non possono essere derogati in alcun caso, nemmeno in presenza di "pericolo grave che minacci la vita della nazione" (art.15).

In relazione poi al problema della immigrazione clandestina ed alla causa stessa delle vicende oggetto della presente riflessione è di piena evidenza l'interesse dello Stato a contrastarlo con ogni mezzo legittimo. Quando poi il fenomeno, com'è ormai noto, assurge ad una delle attività illecite della criminalità organizzata, anche il diritto internazionale vigente autorizza lo Stato ad intervenire con ogni mezzo legittimo. Ma anche in tal caso la normativa in questione – Protocollo contro la tratta di migranti via terra, mare e aria, a supplemento della Convenzione delle Nazioni Unite contro il crimine organizzato transnazionale [49] - contiene un esplicito richiamo per salvaguardare il

---

[49] Protocollo del 15 novembre 2000

principio del *"non refoulement"*[50] e quello del divieto di tortura, pene o trattamenti inumani e degradanti.

In altri termini, da qualunque lato si esamini la situazione, il diritto internazionale, letteralmente interpretato da una parte e le specifiche norme sui rifugiati e sui diritti umani dall'altra, obbligano lo Stato, e per esso i natanti battenti la propria bandiera, da una parte ad intervenire per salvare le persone a rischio di naufragio, dall'altro a trattare le stesse persone nel rispetto delle norme sui rifugiati e sui diritti umani.

b)   Considerazioni conclusive

A fronte di una corretta e rigorosa interpretazione della normativa vigente non può tuttavia ignorarsi la primaria esigenze dello Stato di tutelare la propria sicurezza, sotto diversi aspetti, ivi compresi quelli relativi alla massiccia immigrazione di clandestini. Se si dovesse applicare letteralmente la normativa richiamata lo Stato, e nel caso di specie l'Italia, avrebbe anzitutto l'obbligo di intercettare le imbarcazioni in pericolo, salvare le persone nelle stesse trasportate, condurle sul territorio italiano ed a quel punto procedere nei loro confronti come richiesto dall'Alto Commissariato delle Nazioni Unite per i Rifugiati sollecitando le persone interessante a presentare domande di asilo e ad

---

[50] Protocollo citato, art.19

aprire le relative procedure, trattenerli con il dovuto rispetto della persona umana in adeguati luoghi di transito e non poterli inviare ad alcun paese, né in quelli dalle cui coste sono partiti, né in quelli della eventuale diversa nazionalità riconosciuta (ad esempio Somalia, Eritrea, Sudan e altre); ed essendo per certo da escludere che si trovi un paese terzo " sicuro" che, pur non avendo alcun obbligo, abbia comunque la buona volontà di accoglierli e tenerli nel proprio territorio, si realizza così, di fatto, l'obiettivo degli stessi immigrati, vanificando sul nascere qualunque politica di contrasto all'immigrazione clandestina. Peraltro, ove anche si trovasse il paese "sicuro", rimarrebbe comunque il problema già evocato dell'espulsione collettiva.

La regola del *non refoulement*, ma più esplicitamente quella dell'espulsione collettiva di stranieri prevista dall'arti. 4 del quarto Protocollo Convenzione, presuppone che gli stranieri si trovino sul territorio dello Stato parte - a prescindere dal fatto che vi siano entrati legalmente o illegalmente - e che siano oggetto di un provvedimento di espulsione. Nel caso richiamato (*Hirsi*), i clandestini intercettati sui tre natanti in difficoltà sono stati fatti salire a bordo delle unità navali italiane e quindi accompagnati in Libia. I natanti italiani in alto mare, come si è richiamato, sono considerati territorio italiano. Quindi, secondo un rigoroso formalismo giuridico, si può sostenere che i clandestini, saliti a bordo delle unità italiane, sono " entrati nel territorio dello Stato", e ne sono stati poi collettivamente espulsi dal momento che sono stati accompagnati in Libia e consegnati a quelle autorità, senza alcun provvedimento legittimo.

Come ho accennato, si tratta di una rigorosa quanto erronea applicazione di formali principi giuridici e ignora del tutto la circostanza nella quale l'episodio è accaduto. Quando ci si riferisce all'ingresso nel territorio di uno Stato -legittimo o illegittimo che questo sia- si configura sempre una precisa volontà dell'immigrante tendente ad entrare nel territorio dello Stato. Ora, nel caso concreto di persone a rischio di naufragio, la loro volontà implicita è solo quella di sottrarsi all'imminente pericolo salendo a bordo del natante che si propone come strumento di salvataggio. Il naufrago, non solo non ha alcuna volontà di entrare nel territorio del paese cui appartiene il natante, ma molto spesso ne ignora anche la nazionalità. La prima imbarcazione che si offre quale idonea soluzione di soccorso è prontamente utilizzate per togliersi dalla situazione di grave pericolo. Se poi la stessa imbarcazione accompagna i naufraghi al porto di partenza non si può certo parlare di "espulsione collettiva di stranieri", quale evocata dal quarto Protocollo.

Non occorre certo molta fantasia per immaginare le conseguenze che ne deriverebbero; alle decine di migliaia di persone clandestinamente immigrate in Italia perché sfuggite ai predetti controlli o perché gli stessi non erano ancora in atto si aggiungerebbero altre decine di migliaia di persone, qualora emergesse chiaramente che lo Stato italiano ha l'obbligo di salvarli dal potenziale naufragio e di accompagnarli in tutta sicurezza sul territorio italiano. E' facile immaginare quanti altri problemi si porrebbero, come si sono già posti, in termini di capacità logistica di accoglienza delle condizioni della stessa, etc.

Un vecchio detto latino esprime il principio *"summum jus, summa injuria"*. La situazione descritta non è molto lontana dall'evocare un tale principio. E' di piena evidenza che siamo di fronte ad un insanabile contrasto di norme e di interessi. Da una parte, l'evidente interesse dello Stato a contrastare l'immigrazione clandestina specie quando, come nel caso dell'Italia, si tratta di uno Stato che rappresenta, di fatto, la porta principale di ingresso per tutto il continente europeo, e ciò con ogni mezzo legittimo nel rispetto dei principi di umanità, quale sembra essere stato il comportamento delle autorità italiane nei confronti delle persone malate, ferite o comunque bisognose di aiuto, ma utilizzando altresì la riammissione verso lo Stato di partenza, che rappresenta indubbiamente un efficace arma per scoraggiare la partenza stessa di questi viaggi cosiddetti "della disperazione". Dall'altra, la rigorosa applicazione di norme che sono state concepite in tempi diversi e per situazioni diverse nelle quali il recente fenomeno dell'immigrazione

134

clandestina era del tutto assente. Applicare automaticamente anche a queste situazioni attuali una normativa certamente giustificata in epoche diverse, per situazioni assai diverse, rischia di condurre, se non ha già condotto, ad un contrasto insanabile; ed il rischio insito in tale contrasto è determinato dalla circostanza che uno dei due elementi è rappresentato proprio dal primario interesse dello Stato per contrastare l'immigrazione clandestina e tutelare la propria sicurezza interna.

Di fronte a tale primaria esigenza è certamente più opportuno, a mio avviso, rivisitare certi principi del diritto internazionale per renderli applicabili alle nuove situazioni determinatesi con il trasporto dei clandestini via mare ed il relativo traffico illecito che ne deriva, piuttosto che pretendere l'applicazione, per sillogismi, di principi che vanificano qualsiasi misura dello Stato a difesa della propria sicurezza, e che per ciò stesso non sono avvertiti come esigenze primarie della coscienza internazionale.

Di tale problema dovrebbe farsi carico anzitutto la Corte europea dei diritti dell'uomo che è direttamente coinvolta e che dovrebbe rivedere la propria giurisprudenza per evitare un contrasto insanabile tra esigenze primarie di uno Stato da una parte, e la rigorosa, e forse anche cieca, applicazione della Convenzione, dall'altro. È vero altresì che in una Corte, composta ormai da 47 giudici delle più diverse estrazioni, l'esigenza avvertita da due o tre Stati mediterranei rischia di non essere presa nella dovuta considerazione. Va ricordato, in tal caso, come ogni norma, per poter essere correttamente applicata, deve anche essere avvertita dalla coscienza comune. Una applicazione che vanifica ogni sforzo dello Stato per il contrasto dell'immigrazione clandestina e facilita al contrario gli obiettivi con la stessa connaturati, non mi sembra possa essere considerata conforme alla coscienza comune attuale.

Una sentenza della Grande Camera del 4 febbraio 2005 [51] lascia comunque intravedere uno spiraglio, almeno in relazione al rischio di violazione dell'art.3 della Convenzione a seguito di estradizione, espulsione o comunque a qualsiasi altro titolo. A differenza di quanto affermato nei casi italiani, i cui ricorrenti rischiavano l'espulsione verso la Tunisia, nel caso di specie, nel quale peraltro si trattava di estradizione verso l'Uzbekistan - paese non certo più sicuro della Tunisia -la Grande Camera procede ad una concreta valutazione del singolo ricorrente e non essendo stato provato che lo stesso avrebbe potuto subire un trattamento inumano o degradante, conclude per la non violazione dell'art. 3 da parte della Turchia.[52]

---

[51] Ricorso n. 46827/99, *Mamatkoulov c. Turchia*, e Ricorso 46951, *Askarov c. Turchia*
[52] Sentenza cit. par.77

Biographical Note

Claudio Zanghì: dal 1976 professore ordinario di diritto internazionale presso la Facoltà di Scienze Politiche dell'Università "Sapienza" di Roma; nella stessa Università ha insegnato Diritto dell'Unione europea, e diritto delle organizzazioni internazionali. Ha insegnato prima nell'Università di Messina, ed è stato professore incaricato delle stesse materie dal 1967. Ha insegnato altresì presso la Scuola Superiore della Pubblica Amministrazione, dove ha ricoperto la carica di "Responsabile dell'Area relazioni internazionali e comunitarie" ; è coordinatore del dottorato in "Ordine internazionale e diritti umani" dell'Università di Roma "Sapienza" e docente di relazioni internazionali e comunitarie presso la Scuola superiore di perfezionamento delle Forze di Polizia.

Svolge corsi e lezioni nell'ambito di Scuole di perfezionamento post-laurea e "Master" in Italia ed all'estero. Membro del Consiglio direttivo della Scuola Superiore per le Forze di Polizia (Roma, dal 2000 ad oggi); Membro del Euro- Mediterranean Network for Human Rights (dalla costituzione -1997- ad oggi); - Segretario generale del Réseau méditerranéen de formation et recherches en droits de l'homme (dal 2001 ad oggi); Presidente del « Centro internazionale di studi e ricerche sociologiche, penali e penitenziarie – INTERCENTER", con status consultivo presso l'ONU, l'OIT e l'UNESCO.

Per oltre venti anni dal 1964 al 1984 è stato consigliere giuridico presso il Ministero degli Affari Esteri, ed in tale qualità ha partecipato a molteplici negoziati internazionali ed ha rappresentato l'Italia in numerosi organi e Comitati di organizzazioni internazionali, in specie nel settore dei diritti umani.

E' autore di numerose pubblicazioni monografiche e dei manuali di "Diritto dell'Unione europea", "Diritto delle organizzazioni internazionali" ampiamente utilizzati in ambito universitario e del volume "La protezione internazionale dei diritti dell'uomo" pubblicato anche in lingua araba. Beirut 2007).

Immigration, asile, et droits de l'Homme en Europe : l'exemple maltais

Mélanie LAUDRIEC

La lutte contre l'immigration irrégulière et l'harmonisation des politiques des Etats est un des objectifs majeurs de l'Union Européenne, particulièrement illustré sous la présidence française de l'Union par l'adoption du Pacte européen sur l'immigration et l'asile. Avec l'élargissement à 10 nouveaux membres en 2004, la forteresse européenne a fait reculer ses frontières, et la gestion quelles impliquent, à l'est et au sud. S'en remettant largement aux nouveaux entrants pour faire appliquer sa politique en matière d'immigration et d'asile, notamment au travers du règlement dit « Dublin II », l'Union Européenne se rend responsable de la catastrophe humanitaire qui s'y déroule.

Petit Etat insulaire de la Méditerranée, Malte se situe à une centaine de kilomètres de la Sicile et à plus ou moins 300km des côtes tunisiennes et libyennes. Cette situation géographique place donc l'archipel en plein sur la route migratoire partant de la Libye à destination de l'Europe. Or ce pays de seulement 316km2 pour 403 000 habitants, ce qui en fait le pays le plus densément peuplé d'Europe, est tout à fait incapable de répondre aux flux massifs de migrants débarquant sur ses côtes. Comme la plupart des nouveaux pays frontaliers de l'UE, Malte n'a ni les moyens techniques, ni les moyens financiers pour faire face à ce phénomène, d'autant qu'ici s'ajoute le manque de place. C'est donc dans l'urgence que des solutions, prévues pour être provisoires sont adoptées. Appelées néanmoins à durer, elles garantissent aux migrants un accueil dans des conditions bien inférieures aux standards internationaux.

L'évolution constante des phénomènes migratoires
D'abord un pays d'émigration

De par sa taille, sa densité de population, et la situation économique de l'après-guerre, Malte a d'abord été un pays d'émigration. De nombreux maltais ont ainsi fait le choix de partir s'établir ailleurs en Europe ou dans le monde anglo-saxon.

C'est dans ce contexte que la Malta Emigrants' Commission a été créée en 1950. Organisation non gouvernementale, elle avait pour mission d'aider les maltais souhaitant émigrer à l'étranger à s'installer et à garder un contact avec Malte. Dans ce cadre, la MEC a apporté ses services à plus de 100 000 maltais, principalement partis s'installer aux Etats-Unis, en Australie ou au Canada, voire en Grande-Bretagne pour certains d'entre eux.

L'évolution de la mission de cette ONG, passée de l'aide aux émigrants, à l'assistance aux immigrants principalement, reflète l'évolution des phénomènes migratoires à Malte.

Les 1ères arrivées

L'arrivée de demandeurs d'asile a commencé dans les années 1970. La 1ère vague de demandeurs d'asile est arrivée en 1971 de l'Ouganda, mais les conditions n'avaient rien à voir avec celles d'aujourd'hui. Dans le cadre d'accords avec le gouvernement maltais, des réfugiés ou des migrants réguliers, munis de visa, arrivaient par groupes entiers et non pas de façon isolée et clandestine. Il ne s'agissait donc pas de migrations illégales.

Après ces arrivées de l'Ouganda ou d'autres pays sub-sahariens, les demandes d'asile se sont faites très rare à Malte. Les demandeurs arrivaient seulement via l'aéroport et demandaient l'asile à leur arrivée. Malte dépendant du bureau du Haut Commissariat aux Réfugiés des Nations Unies de Rome en matière d'attribution de l'asile à ce moment là, les demandes étaient traitées directement par le UNHCR.

C'est à partir de 1986 et 1990 que les véritables 1ères vagues de demandeurs d'asile sont arrivées à Malte. En 1986, un 1er groupe venait du Soudan, puis de nombreux demandeurs d'asile sont arrivés en 1990 suite à la 1ère guerre du Golfe. En 1995, ce sont des populations des Balkans qui ont débarqué à Malte par bateau, depuis la Bosnie et l'ensemble de l'ex-Yougoslavie.

Le tournant de 2002

Mais la grande crise que Malte vit aujourd'hui face à l'augmentation exponentielle des flux migratoires qu'elle a à gérer n'a débuté qu'en 2002. Le 3 mars 2002, le 1er bateau est arrivé à Malte avec plus de 200 personnes à son bord, et c'est à ce moment là qu'a débuté la politique de détention systématique. Effectivement, jusqu'à cette date, les autorités maltaises n'avaient pas recours à la détention, ou très peu, en général pour des migrants qui étaient restés après la péremption de leur visa.

La route UE / Libye

La principale route migratoire vers l'Europe aujourd'hui part des côtes libyennes. Des populations de toutes l'Afrique affluent vers ce pays dans l'objectif d'atteindre ensuite les côtes européennes, et principalement les populations en souffrance de la corne de l'Afrique (Somalie, Ethiopie, Erythrée), mais également du Darfour, du Congo, de la Côte d'Ivoire, et même du Maroc et de la Tunisie.

Cela s'explique notamment par la proximité des côtes libyennes de Malte ou Lampedusa, et par la surveillance accrue des autres routes plus connues en partance du Maghreb vers l'Espagne ou la France, qui deviennent donc plus risquées. D'autre part, ce grand pays dispose de nombreuses ressources que la seule main d'œuvre libyenne ne permet pas d'exploiter. Les autorités libyennes ont donc, à partir de 2002, tout mis en œuvre pour favoriser la migration de travailleurs africains vers la Libye. La proportion de travailleurs étrangers en Libye est donc devenue particulièrement importante, et cela contribue à expliquer le taux de migration en partance de ce pays. Inversement, le nombre de personnes qui transit par la Libye afin de migrer explique le nombre de travailleurs étrangers. Ainsi, dans le principal pays de transit à l'heure actuelle, on compte environ 1 million de personnes qui sont en attente de traverser la Méditerranée.

Quoi qu'il en soit, l'évolution des routes migratoires se fait généralement vers des routes de plus en plus longues et risquées et la route passant par la Libye pour rejoindre l'Europe ne fait pas exception. Les hommes et les femmes, parfois avec des enfants, qui décident d'entamer le voyage se lancent dans un véritable périple.

Le voyage, véritable périple entre deux continents
Les conditions de vie
Si les conditions de vie qui poussent ses populations à quitter leur pays sont parfois différentes, tous les migrants viennent chercher en Europe une vie meilleure. Ils fuient la guerre et les conflits armés qui ravagent leur pays pour venir

demander asile en Europe ou fuient la misère, le chômage et l'absence d'avenir pour travailler et construire une vie sur le sol européen.

La traversée du désert

Arrivant majoritairement de la corne de l'Afrique (Somalie, Ethiopie, Erythrée), du Soudan, du Ghana, du Nigeria… ils ont du faire un voyage interminable à travers l'Afrique pour parvenir jusqu'en Libye. Certains migrants racontent en effet avoir traversé le Sahara à pieds et n'être arrivé en Libye qu'au terme d'une marche de plusieurs semaines. D'autres ont même dû réitérer l'exploit après avoir été arrêté et renvoyés dans leur pays d'origine.

Le sort réservé aux migrants en Libye

Le sort réservé aux migrants en Libye constitue un véritable drame humanitaire et bafoues entièrement les droits fondamentaux de la personne humaine.

La plupart des migrants ne sont pas arrêtés en mer mais à Tripoli. C'est dans la capitale qu'ils se trouvent la plupart du temps, en attendant de pouvoir embarquer. Arrêtés pendant de grandes opérations organisées en pleine nuit dans les quartiers où se concentre l'immigration, ils sont conduits jusqu'à Koufra, à plus de 700km de Tripoli, en bordure du Sahara, entassés jusqu'à 200 dans des camions semi-remorques sans nourriture ni eau, sans fenêtre et bien sûr sans pouvoir sortir pendant le voyage.

Ensuite conduits dans les centres de détention (environ 20 dans le pays), certains passent de 5 à 9 mois sans même pouvoir sortir de leur cellule. Le manque crucial d'hygiène, d'intimité et de soins caractérise les conditions de vie dans les centres. Les témoignages de migrants rapportent des mauvais traitements fréquents (qui vont jusqu'au passage à tabac pour les hommes et au viol pour les femmes), une surpopulation insensée et une durée de détention sans limite.

Par ailleurs, les mineurs ne bénéficient d'aucune protection particulière. En effet, il n'existe pas en Libye de protection pour les personnes vulnérables, dont font partie les mineurs au sens de la réglementation européenne. Même non accompagnés, les mineurs sont traités comme les autres migrants et envoyés directement en détention.

Il faut également souligné qu'aucune différence de traitement n'est faite selon le statut de la personne. Ainsi, des réfugiés sont maintenus en détention au même titre que les autres. C'est le cas notamment au centre de Misrata. Situé à 200km à l'Est de Tripoli, Misrata est un des centres de rétention les mieux tenus de Libye. Les ONG y ont accès, ce qui permet d'apporter un minimum d'assistance aux migrants. Mais tous les migrants ne peuvent aller dans ce centre, seuls les réfugiés sont placés là-bas ! Ainsi sont placés en détention des gens, y compris des femmes et des enfants, qui ont le droit de traverser les frontières et ont un statut légal. Dans l'attente d'un visa pour un pays de l'UE, ils peuvent attendre des années en détention, alors même qu'ils ont le statut de réfugié.

Et pourtant, ce traitement réservé aux migrants se fait dans le cadre d'une coopération, qui s'est mise en place depuis 2003, entre l'UE et la Libye pour stopper l'immigration.

Toujours dans l'objectif de repousser au plus loin de ses propres frontières la gestion des migrants, l'UE verse ainsi à la Libye des sommes considérables afin de financer la gestion des migrations. En effet, la Libye n'investie que très peu d'argent, et si certaines infrastructures dans les centres de rétention en Libye, sont neuves, c'est parce que financées par à des fonds européens.

En éloignant ainsi de son territoire la gestion des migrations et son impact, l'UE contribue a la dualisation des populations : celles qui ont le droit de circuler librement et pour lesquelles le respect de leurs droits fondamentaux est indérogeable, et celles dont on peut restreindre la liberté de circulation et bafouer leurs droits sans que les valeurs européennes ne s'en trouvent remises en question.

L'arrivée à Malte, un non choix
Une arrivée souvent par hasard

Les côtes européennes les plus proches de la Libye sont celles de Malte, c'est donc là que les bateaux arrivent le plus souvent. Néanmoins Malte n'est pas la destination choisie des migrants, ils arrivent là parce qu'on les y débarquent. En effet, la plupart d'entre eux ne connaissaient même pas l'existence de Malte en quittant l'Afrique. Les bateaux arrivent à Malte bien souvent par hasard, à cause d'une mauvaise météo, d'une erreur de navigation ou pour éviter des patrouilles italiennes. Ceci dit, certains passeurs profitent également de l'ignorance des migrants et choisissent un chemin plus court et moins dangereux que celui pour l'Italie.

Malte est donc pour la plupart des migrants une terre de transit, que nombre d'entre eux souhaiterait quitter pour se rendre dans d'autres pays européens.

Le règlement « Dublin II »

Malgré cette réalité, c'est à Malte que revient la charge d'examiner les demandes d'asile de toutes les personnes débarquant clandestinement sur ses côtes, et ce en raison du règlement Dublin II. Adopté par le Conseil européen du 18 février 2003, il établit les critères et mécanismes de détermination de l'État membre responsable d'une demande d'asile, et notamment celui du franchissement irrégulier des frontières. Ainsi, selon ce règlement, si le demandeur a franchi irrégulièrement les frontières d'un État membre, ce dernier est responsable de l'examen de la demande d'asile.

Ce système, maintes et maintes fois critiqué, engendre bien évidemment des distorsions énormes entre les pays frontaliers et les autres, et de grandes difficultés pour les États tels que Malte pour assumer la charge qui leur revient.

Demander l'asile, seule solution légale

En effet, presque tous les migrants qui arrivent à Malte déposent une demande d'asile, même si certains n'ont aucune chance de l'obtenir, car il n'existe pas d'autres solutions légales. La quasi totalité des migrants sont donc demandeurs d'asile car il n'existe pas d'autre espoir de pouvoir rentrer légalement en Europe.

Afin de donner un point de comparaison et de se rendre compte de la charge que représente, pour un État comme Malte, la gestion de ces demandes d'asile, il faut signaler que seulement pour l'année 2002 par exemple, environ 1700 immigrants irréguliers sont arrivés sur l'île, ce qui représente environ 0,4% de sa population. Les chiffres équivalent à 40 000 pour une population de 10 millions d'habitants ou à 240 000 pour un pays de 60 millions d'habitants, un pays comme la France.

Néanmoins, tant les ONG que le Commissaire aux droits de l'Homme du Conseil de l'Europe ne relèvent ni précipitation ni manque d'application dans l'instruction de ces demandes, et ce malgré leur nombre toujours croissant. Ainsi, si seulement 7% des demandeurs obtiennent l'asile, 45% obtiennent une protection internationale humanitaire temporaire. Aujourd'hui, c'est donc plus de la moitié des migrants qui demandent l'asile à Malte qui reçoit une protection (soit l'asile soit une protection humanitaire). Il faut se rendre à l'évidence, la route Libye/UE n'est plus seulement une route de migration économique, mais elle est devenue une véritable route de l'asile.

La politique d'enfermement systématique, au mépris des droits fondamentaux

Malgré ce constat, la politique du gouvernement maltais en matière de gestion de l'immigration réside principalement en une politique d'enfermement systématique. En effet, en vertu de l'Immigration Act, loi de 1970 modifiée en 2002, toute personne se trouvant sur le territoire maltais sans titre légal est un immigrant irrégulier (« prohibited immigrant »), et à ce titre, elle peut être placée en détention administrative.

La mise en détention est donc la 1ère mesure prise envers les migrants quant ils arrivent, sans examen préalable de leur demande. L'ensemble des migrants est placé en détention, même si certains sont demandeurs d'asile. La grande majorité d'entre eux feront leur demande d'asile depuis le centre de détention.

Une décision administrative

La détention est le résultat d'une décision administrative, c'est donc une politique gouvernementale, et non le fruit d'une décision judiciaire.

En effet, l'entrée de manière irrégulière sur le territoire n'est pas un crime à Malte, pas comme en Italie, qui vient de criminaliser l'entrée irrégulière. Comme il ne s'agit pas d'un crime, il n'y a pas de renvoie devant une juridiction.

Nombre d'ONG se sont élevées contre cette politique, et particulièrement le Jesuite Refugee Service, pour qui le principe même de la détention administrative, selon lequel on prive de liberté des personnes qui n'ont commis aucun crime, est a rejeter.

D'autant plus que la durée de la détention à Malte est particulièrement longue. Oscillant entre 12 et 18 mois, c'est la durée de détention la plus longue au sein de l'Union Européenne.

Selon la loi le 1er entretien avec les migrants doit avoir lieu dans les 15 jours après leur arrivée, mais ça n'est jamais le cas. Les gens restent entre 2 et 9 mois en détention avant même d'avoir été reçu par le Bureau du Commissaire aux réfugiés pour un premier entretien.

Cette instance, créée en 2001, est l'organe officiel chargé de l'examen des demandes d'asile et de l'octroi d'une protection, qu'il s'agisse du statut de réfugié ou d'une protection temporaire. En effet, en 2001, afin de préparer son entrée dans l'UE, Malte a signé l'ensemble des Conventions des Nations Unies, dont celle de 1951 relative au statut des réfugiés. A partir de là s'est imposé la nécessité d'un organe officiel de gestion des réfugiés. Ont donc été créés le Bureau du Commissaire aux Réfugiés (Refugee Commission Office), ainsi que le Comité d'appel aux réfugiés (Refugee Appeals Board) devant lequel les demandeurs peuvent faire appel en cas de rejet par le Commissaire aux réfugiés.

Pendant toute la durée de la procédure, les demandeurs d'asile sont maintenus en détention, jusqu'à 12 mois. Au-delà, si la procédure n'a pas encore abouti, ils sont relâchés. Pour les autres, qui ont vu leur demande rejetée, y compris en appel, dans le délai des 12 mois, la détention se poursuit jusqu'à 18 mois, avant qu'ils soient à leur tour relâchés ! On prive ainsi de liberté des personnes qui ont droit à une protection internationale, ou des immigrants qui finalement, seront relâchés au bout de 18 mois sur le territoire maltais et pourront, sous certaines conditions, chercher du travail.

Les conditions de la détention

Pendant leur détention, les migrants sont placés dans un des trois centres existant à Malte : Lyster Barracks à Hal Far, Safi et Ta'Kandja. Les conditions de vie dans ces centres de rétention sont épouvantables et ne répondent aucunement aux critères internationaux d'accueil des demandeurs d'asile. Enceintes gérées par l'armée ou la police, les centres sont dans un état de délabrement abominable et bien souvent en totale surpopulation, tel que les migrants se retrouvent à 22 dans des préfabriqués prévus pour 8 personnes. Entassés dans d'immenses dortoirs aménagés dans d'anciennes baraques militaires, les migrants vivent dans une promiscuité totale, sans aucune forme possible d'intimité. Dans un manque d'hygiène criant, dû notamment à l'insuffisance des infrastructures sanitaires, la santé des détenus se détériore rapidement.

Et malgré les recommandations et les appels des ONG et des instances internationales telles que le Comité européen pour la prévention de la Torture ou le Commissaire aux Droits de l'Homme du Conseil de l'Europe, les choses ont très peu changé sur les conditions de détention depuis 2002. Les solutions d'urgence se sont pérennisées, devenant totalement inacceptables.

Ta'Kandja par exemple, est le dernier né des centres fermés. Il est utilisé depuis février 2009 et a été construit dans le but d'accueillir des migrants, contrairement aux autres qui ont été utilisés pour répondre à une situation d'urgence. Il aurait donc du être plus adapté. Cependant, il reste surchargé, sale, sans aucun confort...

Le traitement des personnes vulnérables

A ces conditions de vie déplorables s'ajoute le manque de distinction qui devrait être faite entre l'ensemble des migrants et ceux dits « vulnérables ». Selon la loi et les standards internationaux, les personnes vulnérables ne doivent pas aller en détention, sauf à titre exceptionnel. Ainsi les mineurs, les femmes enceintes, les familles avec enfants, les personnes nécessitant une attention médicale particulière, les personnes âgées, les personnes handicapées, et les victimes d'un traumatisme ou de torture devraient être identifiées afin de ne pas être placés dans ces centres. Néanmoins la plupart d'entre eux vont quand même en détention, pour au moins quelques semaines, voire plusieurs mois, avant qu'ils ne soient détectés comme personne vulnérable.

Les conséquences dramatiques de la détention

Le plus important fléau causé par la détention est la recrudescence des problèmes psychologiques, due principalement à l'absence d'occupation pour les détenus.

Cette inactivité, et l'ennui qui en découle, sont la source indéniable de l'augmentation des problèmes psychiques constatée chez les détenus, à cause du manque de communication et de l'incertitude concernant leur futur. La longueur de la procédure et le peu d'informations dont ils disposent participent de l'angoisse et de l'anxiété omniprésente parmi les détenus. Stressés continuellement quant à leur avenir, nombreux sont ceux qui développent alors des formes de dépression. En effet, seul le Bureau du Commissaire aux Réfugiés fournit des informations concernant leurs droits et les procédures aux demandeurs d'asile, et seulement lorsqu'ils sont convoqués à leur 1er entretien. Avant cette entrevue et après, les seules informations fournies aux demandeurs d'asile émanent des ONG, tel que le Jesuite Refugee Service, dont l'un des principaux travaux est de venir dans les centres informer les migrants de leurs droits, du déroulement de la procédure, les aider dans leur démarches, leur fournir une aide juridique...

D'autre part le suivi médical est totalement insuffisant pour l'ensemble des détenus, ce qui favorise la détérioration de leur état de santé, à la fois physique et mental.

Jusqu'en février 2009, Médecins Sans Frontière était présent au sein des centres, ce qui améliorait sensiblement le suivi médical.[1] Désormais, le Jesuite Refugee Service reste la seule ONG présente dans les centres pour offrir un service aux réfugiés.

Selon les témoignages de membres d'ONG travaillant auprès des migrants, alors que des personnes tout à fait « normales » arrivent en Europe, souvent pour travailler et avoir une vie meilleure, avec des qualifications et une condition physique et sanitaire bonne, la détention en fait des personnes isolées, souvent porteurs de maladies contractées dans les centres, et parfois psychologiquement instables.

---

[1] Depuis Médecins Sans Frontière sont de retour à Malte, et ont établi un programme temporaire entre juin et décembre 2009.

L'expérience de la migration et de l'enfermement qui s'en suit est tellement difficile qu'elle transforme les hommes qui la subissent. Ils deviennent beaucoup plus endurcis, parfois peu sociable, et rencontrent d'immenses difficultés à s'insérer dans la société si toutefois ils en ont la possibilité au sortir de détention.

L'après détention, une intégration improbable

Après 18 mois, tous les migrants doivent être libérés selon la loi, mais sans pour autant avoir de véritable statut. Nombreux sont ceux qui, une fois libérés, restent à Malte dans l'irrégularité et la pauvreté ou s'échappent vers d'autres pays européens.

Les centres ouverts

Les centres ouverts accueillent les migrants après la période de détention. Si théoriquement ce n'est pas un passage obligé, c'est le point de chute quasi systématique des migrants libérés des centres de rétention et qui restent à Malte, dans la mesure où ils n'ont ni logement, ni emploi et aucune ressources.

Certains de ces centres d'hébergement ont pour but d'accueillir des populations ciblées telles que les femmes ou les familles, les conditions d'accueil sont alors nettement meilleures qu'en détention. D'autres centres au contraire, tel que le Tent Village de Hal Far reçoivent la masse des réfugiés, des hommes seuls, dans des conditions similaires à celles connues en détention. Ces centres là connaissent la même surpopulation qu'en détention, puisque les migrants n'ont pas d'autre endroit où aller lorsqu'ils sont libérés.

Nous avons pu visiter un des centres de Hal Far, qui se résume à un alignement de tentes militaires. À 20 personnes par tente, chaque migrant dispose d'un lit superposé et d'un casier fermant à clé pour ses effets personnels. Certains tendent des draps entre les lits pour recréer un semblant d'espace personnel. Les conditions climatiques rendent la vie encore plus difficile, puisque de l'avis des migrants comme des travailleurs du centre, ces tentes sont de véritables fours en été et des frigos en hiver.

La plupart des migrants vivant dans ces centres souffrent de la même inactivité qu'en rétention. Certains sont là depuis plus d'un an, réfugiés somaliens ou érythréens, ils ne trouvent pas d'emploi et donc pas de solution pour quitter le centre. Pour ceux qui n'ont qu'une protection temporaire, l'intégration par le travail est encore plus difficile puisqu'ils ne peuvent travailler légalement que si l'employeur fait la démarche lui-même pour obtenir un permis.

Le retour volontaire

Face à une intégration qui leur semble totalement illusoire et à cette absence de solutions légales, certains font le choix de retourner volontairement dans leur pays d'origine. Il existe certains programmes, mis en place par le Ministère des Affaires étrangères ou par l'Office International des Migrations, mais ils restent sur la base du volontariat et ne concernent qu'une partie très minime des migrants (environ 100 personnes par an).

En effet, il reste très difficile de retourner dans son pays d'origine, particulièrement quand il n'existe pas de relations diplomatiques entre Malte et le pays.

D'autre part, il faut comprendre que dans la question du retour se pose la question de la fierté humaine. Personne ne veut rentrer sans rien, sans argent, et donc donner l'image d'un d'échec. Les migrants veulent bien rentrer si on leur donne les moyens de montrer qu'ils ont suffisamment réussit à l'étranger pour pouvoir s'établir dans leur pays d'origine. Convaincre des personnes qui ont voyagé pendant parfois plus de deux ans pour arriver jusqu'à Malte, ont passé 12 ou 18 mois en rétention, de finalement rentrer chez eux pour une somme oscillant entre 5000 et 2400€ selon les programmes n'est pas évident, et beaucoup d'entre eux préfèrent rester, malgré les conditions dans lesquelles ils vivent ici.

La montée du ressentiment

Avec la multiplication du nombre de migrants arrivant à Malte ces dernières années, le racisme et l'intolérance sont remontés en flèche parmi la population et on ne compte plus les manifestations d'un ressentiment profond envers les migrants. C'est un sentiment d'invasion qui prédomine au sein d'une partie importante de la population maltaise. Dans un contexte de crise économique internationale et de chômage croissant, les réfugiés sont la cause de bien des maux. La première conséquence de ce rejet pour les migrants est la difficulté de trouver un travail légal. Ils sont donc contraints, afin de gagner de quoi survivre, d'accepter des conditions de travail effroyables sur les chantiers de construction, en essor permanent sur l'île. Employés à la journée, ils n'ont aucune couverture sociale, aucune assurance en cas d'accident, ni aucune certitude de recevoir un salaire, même misérable.

Deuxième conséquence : l'insécurité. Les actes de violences envers les migrants sont en pleine recrudescence. A la sortir du camp de tentes de Hal Far, à l'ombre d'un arbre pour fuir la chaleur des abris en tissu, un groupe de réfugiés somaliens nous a confié vivre dans une peur permanente au point de ne jamais sortir le soir. Pourquoi ? « Parce que s'ils te croisent, ils te frappent, parfois même jusqu'à te tuer ». Mais qui « ils » ? « Et bien, des maltais, qui n'aiment pas les réfugiés, c'est tout ! ».

Conclusion : la contradiction européenne

Face à la détresse de ces migrants, venus pour la plupart chercher refuge en Europe, l'heure ne semble pourtant pas être à la recherche d'une véritable politique d'accueil et d'intégration, tant au niveau maltais qu'au niveau Européen.

En 2004, le gouvernement maltais avait justifié sa politique d'enfermement systématique dans sa réponse au rapport du Commissaire aux Droits de l'Homme du Conseil de l'Europe, en affirmant que « le gouvernement maltais appréci[ait] les commentaires du Commissaire, mais ne considèr[ait] pas qu'il [était] dans l'intérêt national de Malte de changer sa politique de détention. Si les 2000 personnes entrées illégalement à Malte au cours des deux dernières années avaient été immédiatement relâchées, ils auraient causé des perturbations sur le marché du travail et des problèmes importants quant à leur hébergement ».

Mais même si son attitude est contestable, le gouvernement maltais ne peut agir seul. L'accueil des migrants et des réfugiés, ainsi que leur intégration à la société est une responsabilité européenne.

Or les politiques européennes sont également davantage tournées vers la lutte contre l'immigration irrégulière que vers l'intégration des immigrants et des réfugiés, occultant totalement les conséquences désastreuses en matière de respect des droits fondamentaux. Et c'est peut-être là l'une des contradictions les plus violentes de l'Union Européenne actuelle. Fondée pour garantir la paix sur un continent ravagé par les guerres meurtrières, pour rapprocher des peuples jusqu'ici ennemis, dans le but ultime de hisser au rang de principe indérogeable le respect des droits fondamentaux de la personne humaine, l'UE du XXIème siècle sait s'appuyer sur son passé pour s'arroger le rôle de défenseur des droits de l'Homme sur la scène internationale. Mais lorsqu'il s'agit de lutter contre les tentatives protectionnistes et sécuritaires, l'histoire et les valeurs de l'Europe semblent largement reléguées au second plan.

Il y a plus d'un demi-siècle, les européens, face aux conflits, à la dictature et aux difficultés économiques, ont trouvé refuge au sein d'une Union, d'un système démocratique leur garantissant des droits. Il est logique que d'autres, aujourd'hui, veuillent en faire autant.

Note biographique

Mélanie Laudriec, 21 ans, est une étudiante française en Sciences Politiques. Spécialisée en droit public, international et européen, elle s'est intéressée au respect des droits des migrants et des demandeurs d'asile, en Europe et plus particulièrement à Malte.

Book Reviews
Salvino Busuttil

The European Mind, Narrative and Identity Volumes I and II, edited by Henry Frendo.
Published by the Malta University Press, 2010.*

*This review first appeared on the The Malta Independent on Sunday on 24th October 2010

Rarely have the Proceedings of an international academic conference offered so much wealth of learned historic, philosophical, social, economic and cultural introspection of the European psyche than these two exceptional volumes regaling us with an opus born of the Tenth World Congress of the International Society for the Study of European Ideas held in Malta in July 2006. Through the contributions of specialists from all over Europe and beyond, this major work entertains us, in its first volume, to the shaping and working of the *European mind* through presentations of some fifteen workshops relating to history, geography, and science, economics, politics, law, education, sociology and women's studies; while the second volume addresses visual and performing arts, music and literature with a remarkable flourish of philosophical, psychological and religious themes in their European setting. A treasure-house of stupendous research findings, this tour de force is Henry Frendo's lasting legacy to European studies and, through his own chapter and that of Alexander Borg in the section devoted to 'Empire and Nation in the Mediterranean', to Maltese studies themselves.

To the basic query of whether there is, and if so, of what nature, a *European* mind, this publication teases us to a possible answer through William Apap's "Abstract" adorning its jacket : an interplay of concentric circles, hued with a clear, if unfathomable, design encapsulating the elements that thread their way into the rich fabric of history, tradition and mores that, over the centuries, have made Europe European, one that embraces those *values* and *value systems* that are of the essence of civilization.

Particularly appealing to Maltese readers are some of the articles in Workshop 2 on the *"Mediterranean: the Meeting Point of Civilization"* where Bojka Djukanovic forcefully argues that *"European identity cannot be imagined without the Mediterranean"*, calling, however, the fusion of European and Mediterranean profiles an *"amalgamated identity"*. Some cultural differences straddling those *identities* are illustrated through some case studies in workshop 3, with a curious but topical account of the Roma identity in a Cypriot context, in a short but incisive contribution thereon by Jean-Philippe Kyriaki.

Ann Ward on *"Socrates : Reason or Unreason as the Foundation of European Identity?"* hails us with a veritable divertissement in a Socratic exercise, spanning, through her fellow writers, Thucydides (Bernard J. Dobski), Aristophanes (Halmut Heit), Kierkegaard(Ann Ward and Jacob A. Howland) and Nietzche (Aristide Tessitore and Ingrid Makus) as well as, in final chapter, in this section, with Maire Jaanus suggesting a psychoanalytic reading of Socrates through Lacan for whom Plato's *Symposium* was de facto a *monumental* text on love and desire.

The volumes are, of course, shot through with considerations on the fundamental query of what constitutes the *European mind*, one of the more telling reflections being Joseph Aieta's concise introduction on 'shifting paradigms of identity' with thought-provoking questions such as, for example, *"Does the influx of large numbers of Muslims pose or seem to pose a threat to the comfort level of individual secularist and nationalist elements?"*. Aieta also throws at us a complex *problematique*, affecting the whole debate, on whether the notion of *identity* is neutral or value-laden.

Volume II is, in a sense, a more relaxing series of studies, with valuable research on national and geographic identity in eastern European literature essentially circumscribed by the Romanian experience, followed by a broader debate on arts and poetry in Middle Ages Europe with William A. Everett sharing with us an interpretation of Victor Hugo's *"medievalism as musical theatre"* in the 1998 musical adaptation (by Richard Cocciante) of Notre-Dame de Paris.

Apart from a lively series of articles on urban presentation in literature (with a probing contribution by Charles Briffa on *"Urbanisation and Rural Attitudes in Maltese Novels"*) much of this volume is taken up with rather light treatments of the role of poetry in European literature (Malta being represented through two poems, in Maltese and English by Roderick Mallia). Cultural policy in European Member States is analysed through four complementary studies, culminating in a strong if brief peroration from Nicos Shiafkalis for whom European identity is a cultural mosaic.

Part 5 of Volume II examines inter alia rationality and religion in their cultural perspective with a rather tendentious essay by Elena Pavlova on the overlap of rationality between religion and multiculturalism. More perspicacious are Tommi Lehtonen's thoughts on *Globalization and Religion* and for whom many Europeans (Maltese as well?)

celebrate religious festivals *"without paying attention to their theological content"*.

Theodor Damian, who chaired the workshop on *"The Mystical Mind or How the Ethics of Wilderness shaped European Identities"* is perhaps the most original author in the whole opus, with his study on *"God Mysticism in Meister Eckhart's Synthesis"*, Eckhart being the mystical theologian par excellence, for whom the mystical union of the soul with God is the essence of that monastic movement which first planted in Europe its Christian cultural roots.

The historic and hermeneutic relationship between identity and values is introduced by Brayton Polka with a very valid essay by Benjamin Sax on Paul Ricoeur's argument on *"emplotment"* (or the making of a good plot) as the formal constituent of narration, a discussion carried further by Ben Dorfman on *"The Poetics of Narrative"*.

In the linguistic section, we enjoy a dissertation on the *"Attitudes of Members of the Maltese Community of Corfu to their Ethnic Language and Heritage"*, Amalia Plaskasoviti arguing that the way in which Corfu Maltese speak constructs verbally their identity.

As we come to the end of the second volume, we are entreated to reply to the question: *"European Identity: an Unfinished Myth?"* posed by Hripsime

Ramazyan and Sona Avetisyan for whom openness to *others* is an asset for a reshaping of Identity.

I cannot disagree with their concluding entreaty that *"The European Union will operate more practically and less perturbedly if it starts to view the 'others' as differing from itself but not necessarily as potential dangers to its own identity"*.

To that challenging end, the *European Mind* is dedicated.

"Democracy, Ecological *Integrity* and International Law"

Edited by J.Ronald Engel, Laura Westra, and Klaus Bosselmann.
Cambridge Scholars Publishing, Newcastle-upon-Tyne, UK, 2010.
ISBN (10): n1-4438-1767-8. ISBN (13)n978-1-4438-1767-7.

Engel, Westra and Bosselmann have produced, through excellent editorship, a unique volume which, in its first part, offers a rather original debate on environmental ethics in their democratic setting, a relationship that J.Ronald

Engel illustrates in his lucid Introduction harping on the notion of ecological integrity which permeates the whole work, even though different contributors employ more hackneyed terms such as sustainable development and strong sustainability to define that basic ethical value.

But it is the democratic dimension that raises, in this context, a multitude of considerations with some contributors querying the applicability of that notion to ecological issues, including the pursuit of environmental policies at state or local governance level.

In some 24 chapters, the publication addresses *inter alia* the philosophical basis of governance with a remarkable essay by May Sim entitled *"From Metaphysics to Environmental Ethics : Aristotle or Zhu Xi"* (the twelfth century neo-Confucian philosopher) who share the view that the ultimate aims of existence should determine our overall behaviour including our rapport with the environment, an argument taken up in the last section of the book where Agnese Michelot discusses UNESCO'S programme on Man and the Biosphere, that justly celebrated brain-child of my late Unesco colleague Michel Batisse, and to which, in my Unesco days, I tried to infuse a strong ethical content. Indeed, Michelot devotes a good part of her essay to a dialectic approach to the ethics of development.

Perhaps the discussion on governance, in Part II, merited a more robust argumentation although Klaus Bosselmann's Introduction provides clear examples, subsequently elaborated by authors in this section, of the limits of state sovereignty in a globalising world, one where, happily, shared sovereignty is increasingly accepted as the cornerstone of world governance in the management of resources which of their nature belong to the common heritage of humankind, a theme expounded by William E. Rees in *"Globalization and Extended Eco-Footprints : neo-colonialism and (un)sustainability"*.

That argumentation is carried further afield through a veritable analytic and, in parts, original treatment by Prue Taylor's dissertation on *"The Imperative of Responsibility in a Legal Context: Reconciling Responsibilities and Rights"*. Taylor offers a sound criticism of the positions thereon postulated by Hans Jonas, the well-known German philosopher who passed away in 1993, and by Aldo Leopold, who died in 1948 and to whom this volume is dedicated. Taylor's approach is to seek to reconcile *'the positive obligation of care and the restraining influence of responsibility'* in modern western law, auguring that *'it is the task of each and every one of us, in all our individual and collective capacities, to define and exercise responsibility for the integrity of the Earth's ecological systems'*, a call taken up also by Sheila

Collins in her plea to interpret anew natural law in its role of protecting that integrity. In the concluding section, Tullio Scovazzi examines the essential elements that inspire the UNESCO Convention for the Safeguarding of the Intangible Cultural Heritage, adopted in 2003, but first drafted and debated through theUnesco Division of the Sociocultural Environment in the late 1970s, which also put forward the draft declaration on Human Responsibilities adopted by UNESCO in 1997.

This book forms part of the Fondation de Malte Telos series.

The choice of Telos for the name of the series is inspired by the Fondation's objective to contribute towards the achievement of stated aims, *telos* being the Classical Greek word for finality.

The Fondation de Malte was originally formed in 1998 through the inspiration of the late Mercedes Busuttil and registered in Malta by Public Deed. The Fondation de Malte is an international NGO, based in Malta, dedicated to cultural affairs, environmental concerns, education and human rights. It acts through the organisation of seminars, conferences, courses and book publication.

For subscription, contribution details and to order previous copies, kindly send an e-mail to info@fondationdemalte.org

Previous Volumes

Volume I

Renewable Energy in Malta
Blanche REUZE

Turkey in Europe?
David Raphaël BUSUTTIL

Volume II

Volume III – The Fall of the Berlin Wall: Twenty Years After, What Progress?

Marx, a Christian?
Salvino BUSUTTIL

Two decades without idelogical competition: Are we winners or are we losers? (Some thoughts on the 20th anniversary of the 'Velvet Revolutions'
Janos J. BOGARDI

The Response of the European Court of Human Rights to the Fall of Communism
Giovanni BONELLO

La Chute du "Mur de Berlin" tournant dans la cooperation scientifique et technique entre l'Europe de l'Ouest et l'Europe de l'Est: les perspectives d'avenir
Jean-Pierre MASSUE

A Millenium of Paradox
Awni BEHNAM

Liquider le passé ou oublier le passé, mais sauvegarder la mémoire ?
Karel VASAK